はじめに

いうまでもなく、『小論文練習帳』という本書のタイトルは、尊敬してやまなかった国語学者、大野晋《おおのすすむ》さん（一九一九〜二〇〇八）の名著『日本語練習帳』（岩波新書）をマネしたのだ。

あんな凄《すご》い本のマネをするなんてけしからん、と叱《しか》られるかもしれないいことはマネすべきだと、ぼくは信じている。

なぜならば、漢字の始原を追究しつづけた大学者、白川静《しらかわしずか》さんの辞典（平凡社）によれば、「学ぶ」は「真似《まね》」と同根である。「マネする」と「は同じ系列のことばだ。学ぶ、とはマネすることからはじまるのだ。

とはいえ、当然ながら内容は比べるべくもないから、とりあえず「練いうことばを拝借《はいしゃく》して、何とか努力してみようという願いを表明したつだ。

さて、そのうえで――、生きる、とは小論文を書くことだ。

「われ思う、ゆえにわれ在《あ》り」という、フランスの哲学者デカルト（一五九六～一六五〇）の有名なことばを、いちばん素朴な理解の仕方で受けとめるなら、「思う」とは「考える」ということだろう。

自分がいまここに、生きて存在しているのは、「考えている」から。「生きている」とは「考えている」ことなのだ。

「考える」といったって、ヒルメシの時間にメニューを手に首をひねっているのは、考えているのではなくて、ただ迷っているだけなのだ。

「考える」とは、森羅万象《しんらばんしょう》について、「なぜ？」という疑問をぶつけること。文明の歴史は、「なぜ？」を考える歴史である。

地球が丸いのはなぜか？　なぜ、ものは上から下に向かって落ちるのか？　なぜ、ニンゲンとサルはこんなにも似ているのか？

無数の人びとが、ああだ、こうだ、と小さな論文を、こころのなかに書いては消してきた。「考える」とは、ことばによって、小さな論文を、あれこれ思い描くことだ。

じつは、サッカーの試合だって、選手一人ひとりが、瞬時のうちにアタマのなかに小論文を描き、実行しようと努めることなのだ。戦況を正確にとらえて、どう行動すべきかを決定する。

日本サッカー協会の川淵三郎《かわぶちさぶろう》名誉会長などとイレブンを組み、戦況判断の名手（！）といわれたぼくがいうのだから間違いはない（大昔の話だけれど）。

ましてや、職場や学校では、だれだってほとんど絶え間なく、アタマのなかに小論文を作成しながら考え、その小論文を口に出して意見を交換しているのだ。家庭の主婦も、アタマのなかの小論文によって家事を運営しているのだ。

ただし、ニンゲンはそれを、ほとんど無意識のうちに実行し、自覚なしに、くりかえして生きている。

そこで『小論文練習帳』の出番である。

無意識、無自覚に時々刻々《じじこっこく》おこなっている考える作業、すなわちアタマのなかの小論文作りを、しっかり意識し、自覚しながらやってみようというわけだ。

アタマのなかのそれは瞬時に消滅してしまうから、紙の上に取り出して検証してみようというのだ。書いてみるのだ。

文字に定着させれば、何度だって読みかえすことができる。そうやってはじめて、自分のアタマのなかにあった小論文を、自分で客観的に批評することが可能になる。

すると、驚くべきことに気がつくはずだ。書いて、読んでみると、考えていたはずのこと、アタマのなかに思い描いていたはずの小論文が、どうもしっくりこない。

どうもおかしいな？　そう感じて、どんどん書き直してゆくと、「考え」がドンドン変化してゆく。

書くことによって、たとえばそんな現象がヒンピンと起きる。ほんとうの自分が、次第に姿を顕《あらわ》してくる。ほんとうの自分を発見してゆくような気分になる。

ところで、そうやって書き終えた小論文は正しい答えを示しているのだろうか？　正解なのだろうか？「○×式」テストで、○をひとつだけ選ぶようにいくのだろうか？

二〇一〇年は「平城京遷都《せんと》千三百年」だ。奈良に都が定められた年は？「西暦七一〇年」に○をつけるのが正解だ。では、なぜ都を移したのか？　なぜ奈良にしたのか？　答えはいくつもあるはずだ。

「なぜ？」という問いかけに、唯一絶対の正解はない。もちろん、大論文も同じ。アインシュタインの論文も、ケインズの論文も、偉大な仮説にすぎないのである。だから、さあ！　どんどん小論文を書こうではないか。だって、正解なんかないのだから。絶対に断言できるのは、あなたが書いた小論文は、世界で唯一の存在であるということだけ。何とステキな真実であることか！

轡《くつわ》田《だ》隆《たか》史《ふみ》

◎目次

第五章　ホンモノの文章力が育つ！――的確なことばづかいのヒント

さらさら書ける小論文練習帳

レポート・作文にも使える書き方と例文

第一章

「小論文」はむずかしい？

文章コンプレックスがなくなる！

どれが「正しい書き方」だろう

日本語文章には何通りもの型がある

『小論文練習帳』と名乗るからには、まず実技の練習である。

スポーツと同じで、トレーニングを重ねれば、リクツはあとからついてくる。

そもそも「小論文」とは、どのような文章をいうのか？　それは「作文」とどう違うのか？　会社や組織のなかで書く、たとえば企画書のようなものは、小論文なのか、作文なのか？

そのような仕分けは、ゆるゆる考えてゆくことにして、まず練習だ。その第一は、いうまでもなく基礎から。

数ある「文章の書き方」本とはいくらか趣《おもむき》を異にして、まず日本語の文章の、いささかのややこしさ、面白さを練習で実感してみるところからはじめたい。さあ、出発だ。

●練習1

わたしたちの一日は、ふつうは、朝起床して顔を洗って朝食をとる、という基本動作によってはじまる。

多くの人びとが毎朝くりかえしている、このきまりきった行動を、文章にしてみよう。①起床（一応、七時ということに統一しておこう）、②洗顔、③食事。この三つの行動をもらさずに書く。

先に読み進む前に、実際に書いてみよう。簡単そうで、意外に難しいことに気がつくはずである。

さあ、あなたはどんな文章を作ったのだろうか。多分それは、およそ次のようなものになるはずだ。

わたしは朝七時に起きて顔を洗い、食事をとった。

朝七時に起きたわたしは、顔を洗い、それから食事をとった。

朝七時に起きて、顔を洗ってから食事をとった。

朝七時に起きた。顔を洗った。それから食事をとった。

といった調子で、まだいくらでも書きようがあるだろう。あなたは、どのように書いただろうか。確信をもって、これがわたしの文章だ！　といえるだろうか。これが、いちばん「いい書き方」だといえるだろうか？

じつは、もう三十年も昔、河出書房新社の「人生読本」シリーズのなかの『文章』の巻で、作家、富岡多恵子《とみおかたえこ》さんが「書き方」という題で問題提起なさっていた。それを読んだとき、なるほどと感じ入った。その考え方を拝借《はいしゃく》しながら〈練習1〉としてみた。

もちろん、文章のこのくだりのあとが、どのように展開してゆくかによって、書き方は微妙に変化する。

うかうかしているうちに、遅刻しそうになって慌《あわ》てる場面になるなら、その前段にあたる部分も、それを踏まえた表現にならなければならない。

しかし、ここでまず基本として考えておきたいのは、こんなにも単純なことを表現するにも、何通りもの型があって、どれがいちばんいいのか確信をもてないという、日本語文章の現実だ。こう書くのが、いちばんよろしい、などとだれも教えてくれない。

いまここに書いてあるような現代文の歴史は、あとであらためて考えるつもりだが、まだやっと百年しかたっていない。日本語は論理的ではない、とはちっとも思わないが、成熟しきっていない面があることは、否定できない。

ニュアンスの微妙な違い

さて、それはまた考えるとして、ここに挙げた四種類の文章は、同じようでいながら、それぞれ微妙にニュアンスは異なる。

何度も読み返してみて、ニュアンスの微妙な違いを、しっかり把握《はあく》してもらいたい。どれを読んでも、同じようにしか読めないのでは困る。

句読点の置き方ひとつで、「起きた」「顔を洗った」「食事をした」という三つの動作の、どこに力点が置かれているのかが、かわってくるだろう。

主語の問題も大きい。英語なら主語「I」は必需品なのに、日本の言葉では、おしゃべりでも、文章でも、なくても大丈夫。むしろ必要ない場合の方が多いというのが、日本語の大きな特徴のひとつ。

仮に英語で書くとすれば、選択の幅はもう少し狭いはずだが、日本語文章では、「I got up at 7 in the morning.」に対し、「わたしは、朝七時に、起きた」「朝七時に、わたしは、起きた」「朝七時にわたしは、起きた」「朝七時に起きた」「朝七時に、起きた」と、いくらでもわいてくる。

日本語は、面白い、ともいえるし、ややこしい、ともいえる。

「朝七時に起きて」でも、「わたしは朝七時に起きて」でもいい。むしろ「わたし」があるとクドイ感じがする。「わたし（私）」という主語を入れるかどうかで、文章はかなり違った印象となる。「わたし」の入る位置によっても、そう。

句読点、つまり「、」と「。」の付け方によっても印象は異なってくる。「七時に、起きた。」と「七時に起きた。」とでは、「七時」の重みが違ってくる。前者は、いつもとちょっと違って、といった語感がただよう。後者は、いつもの通り、といった感じになるだろう。

そこで、この〈練習1〉では、「朝七時に起きて顔を洗い、食事をとった。」という内容の文章を、主語を入れたり、入れなかったり、句読点の位置、ことに読点「、」を打つ場所をかえたりしながら、思いつくまま、何種類も書いてみよう。それを音読も交えながら、何度も読みかえしてみると、ごく自然に、自分の好みが明確に浮き彫りになってくるだろう。

自分がほんとうに考えていること、いいたいこと、表現したいことに、いちばん近い書き方はどれなのか、次第に明らかになってくるはずである。

文章とは、考えたこと、思ったことを文字にすること、だとか、文章とは話すように書くこと、といったような、アヤフヤな説明もはびこっているけれど、そんなものではないこともわかってくるだろう。

考えたことを、そのまま文章にしたつもりで、書いた文章を読んでみると、考えていたのとずいぶん違っていることにも、おいおい気がつくようになるだろう。「考え」なるものは、書くにしたがって、どんどんかわってゆくものであることも知るだろう。

あれこれ苦心しているうちに、自分がいつの間にかめざしているのは、簡潔な文章、であることに気がつくはずである。

「作文」とどう違うか

みんな「作文」を書いてきた

●練習2

「旅」という題で、八百字の作文を書いてみよう。

本書の書名は『小論文練習帳』だ。大学入試や就職試験の文章試験では、「小論文」、または「作文」と銘打《めいう》って出題されることが多い。

これは、古今東西の文章というものの、内容、スタイルなどの幅の広さからすれば、あきれるほど乱暴な仕分け方だが、試験というものの性格からすれば、まあ、しょうがないかなあ、とでもいっておこうか。

学者の論文、小説、随筆（エッセイ）、詩歌、さまざまな場での公文書、組織・企業内の文書、学校から家庭への連絡文書、などなど、文章の種類は多彩である。

これを全部まとめてまっ二つに割って、小論文調と作文調に仕分ける。しいていうならば、小論文とは学者の論文調のもの。作文とは、小説、エッセイ（紀行文などもここに入る）調のもの。

さらに乱暴にいうならば、前者は「硬い文章」、後者は「軟らかい文章」ということになろうか。

そこで、いきなり「旅」という題で、作文を書いてみようというわけだ。まず「作文」としたのは、「作文」ならば、小学生のころから、文章を書くといえば、いわれるまでもなく「作文」を書いてきたはずだからである。

小学校で、そもそも作文とはなんぞや？　などという問いを発したことはないし、先生も、「さあ、自由に書いてごらんなさい」といった調子だったろう。そこでまず作文を練習してみよう、というわけだ。

旅

十月の末、ひさしぶりに京都に一泊のひとり旅をした。

ホテルにチェックインすると、さっそく南禅寺《なんぜんじ》にむかった。ここはいつ訪れても、禅寺の風格ある雰囲気が素晴らしい。

紅葉にはまだ早かったけれど、琵琶湖からの水が流れる疏水《そすい》の、水路閣の赤レンガが美しかった。ローマ風のアーチが、寺の古色豊かな建造物と、不思議に似合っていた。

ひとり旅の気安さで、石段に腰掛けては、しばらくボンヤリしているのが楽しい。日が傾きはじめると、さすがに冷気を感じて、行きつけの銭湯に急ぐことにした。

鴨川《かもがわ》の四条大橋からひとつ下流のところにあるドングリ橋の近くにドングリ湯というきれいな銭湯がある。以前、京都の友人に案内されてから、京都に行くたびにここで汗を流すことにしている。

一汗かいて橋を渡り、高瀬川のほとりに出る。そこに「喜幸」という小さな店がある。お年寄りの夫婦と娘さんの、静かなこころ休まる店だ。

ひとり旅とはいえ、一杯やるときは友がいる。音楽好きで「ベートーベン」というあだ名の友が、もう先にはじめていた。

当店名物のくみだし豆腐をつつきながら、ほどよい燗《かん》の伏見の酒「玉乃光」をやる。ああ、いい気分である。

主の包丁さばきは、いつ来ても鮮やかで、見ているだけでも楽しい。グジの刺し身を待ちながら、「おからたいたん」をつまむ。オカラの煮物だが、ギンナンやニンジンなど具がにぎやかだ。「たいたん」とは「炊いた」、つまり「煮た」という意味らしい。ユーモラスな京ことばがうれしい。

酒豪「ベートーベン」もさすがに酒量はいささか衰えたが、愉快な弁舌はかわらない。談論風発のうちに旅の夜はふけていった。

うまい、下手はともかくも、これは分類的にいえば、間違いなく「作文」ということになる。なぜならば、経験したことが、具体的に描かれているから。経験の具体的な記述が、作文である。

理屈や論は、いらないのか？　多少はあってもいい。むしろ、あった方がいい。たとえば、

「たいたん」とは「炊いた」、つまり「煮た」という意味らしい。ユーモラスな京ことばがうれしい。

という部分で、

旅の楽しさのひとつは、旨《うま》い肴《さかな》、酒もさることながら、その地方のことばを耳にするところにもある。歴史と伝統と風土の根本に触れることになるからだ。

といった類のリクツを述べれば、紀行文という作文にちょっぴり「深み」が加わるかもしれない。

どう書けば「小論文」になるか

●練習3

「旅」という題で、八百字の小論文を書いてみよう。

小論文とは、短い論文、つまり自分の考えを短く述べるのだ、程度の認識でやってみたらどうか。

ひさしぶりに京都にひとり旅をして、行きつけの小料理屋で友人と一杯やりながら、ふと、旅とは人間にとって何であるかを考えてみた。ただ飲んでいるだけでは芸がない、と苦い想いがしたせいかもしれない。

旅とは、まず身体の移動である。とはいえ毎日の通勤も身体の移動だが、これを旅とはいわない。

同じ移動でも、日常性から外れる移動でなければ旅とはいえない。会社の出張は仕事のうちだから「遠い通勤」といえなくもないけれど、日常的な土地を離れ、いつもとは違う風景、人などのなかを移動するのだから、やはり旅といってもいいだろう。

日常性から外れるとは、精神のありよう、働きも、日常性から多少なりとも離れることを意味するだろう。

つまり旅とは、身体と精神の移動ではなかろうか。精神も移動しなければ、旅とはいえないと思う。

よく新幹線で、雪の富士山が青空にそびえているのに、ちらと見ることもなく、書類や週刊誌に読みふけっている人がいるが、あれではオフィスにいるのと違いはない。

移動しているのは身体だけで、精神はいっこうに移動していない。何の本だったかで、言語のはじまりは旅によってもたらされたという説を、読んだ記憶がある。

大昔、森の木の上で暮らしていたサルが、あるとき木から地上におりて、二本足で歩行して遠くに出かけた。旅に出たのだ。

そのサルはやがてもとの森に戻ってきて、遠出の体験を仲間に伝えた。それが言語のはじまりだというのである。旅が言語の出発点だったというらしい。

サルの子孫である私も、旅で精神を揺り動かしたい。旅先で、ふと耳にする方言にも精神を揺り動かされるような、そんな旅でありたい。

これまた、うまい、下手に関係なくいうならば、ほとんどすべて、旅について「考えたこと」を述べているわけだ。多少の分析もあるだろう。いささかの論でもある。

小論文とは、こんな具合に、自分の考えたこと、分析したことを述べるものだ。

「民主主義」という題だったら、民主主義というものについて、自分が考えたこと、分析したことを述べる。

その場合、学者やジャーナリストなどの書いたものからの、若干の引用があってもかまわない。サルと言語のはじまりの部分は、まさに引用である。

このように、自分の経験したことを書いてもいいのか、といえば多少は結構。引用も経験談も、あった方がいい場合もある。

たとえば、末尾の方言との出会いのところで、「おからたいたん」の話を、簡潔に登場させれば、説得力は高まるだろう。

小論文への入り口

作文は、体験を具体的に記述するのが基本だけれど、記述の背後には、体験そのものに対する分析、考え方が潜《ひそ》んでいなければ、底の浅い体験談になってしまう。

体験そのものの位置づけができていなければ、ただのオシャベリになってしまう。

小論文とは、原則としては、自分の考え、分析を記述するのだけれど、引用や体験を巧《たく》みに用いれば、考え、分析の記述に説得力がつくだろう。

二〇〇九年十月三十日、フランスの世界的な文化人類学者、レヴィ＝ストロース氏が百歳で死去した。

十一月十一日付の毎日新聞夕刊の文化欄に神戸女学院大学教授、内田樹《うちだたつる》さん（フランス現代思想）の追悼文《ついとうぶん》が掲載された。

世界の知性に衝撃を与えた著書『悲しき熱帯』（講談社学術文庫版の題名は『悲しき南回帰線』、室淳介訳）は、「西欧人たちが非西欧的世界を侵略し、原住民を殺戮《さつりく》し、豊かな自然を狂躁的に破壊し去った、その足跡を検証した記録である」と内田さんは記し、その冒頭（訳文は39ページ参照）は、

私は旅と探検家がきらいだ。それなのに、いま私はこうして、私の海外調査のことを語ろうとしている。

という印象的なセンテンスではじまった、と熱く語る。

仮にこの文章を読んでいたならば、〈練習3〉の小論文のなかの「木から下り

たサルの旅」の部分は、内田さんのこの「小論文」を引用することで構成することもできたはずである。

偉大な文化人類学者は、旅することによって、「文明の精華たる西欧が、新大陸において繰り返した邪悪で無益な行為を、地上を汚した『呪《のろ》われた副産物』を」記していったと内田さんはいうのだから。

レヴィ＝ストロースは、こう記した。「旅よ、おまえがわたしたちにまっさきに見せてくれるものは、人類の顔に投げつけられた私たちの汚物なのだ」と。

このように、苦渋《くじゅう》に満ちた、文明の汚点《おてん》発見の旅もあるのだ、という意味のことを引用することができれば、わが小論文「旅」は、なかなかのものになるはずである。

文章にきまった書き方はない

いい論文は限りなくいい作文に近い

●練習4

同窓会の通知を書いてみよう。

挨拶・趣旨・日時・場所は最低の必要条件だ。人それぞれさまざまな書き方があるだろう。ごく事務的な文言《もんごん》もあろうし、ちょっと気取った書き方もあるはずである。

前略　皆様お元気にお過ごしのこととお察し申し上げます。さて久しぶりに××高校三年A組のクラス会を開きます。○○先生もご高齢ながら出席くださる予定です。ふるってご参加ください。ご返事は十二月十五日まで必着でお願いします。

二〇一〇年一月十一日（月曜日）午後三時より、新宿区××町5の5、小料理屋「酩酊亭」（TEL／／／／／／）

こういうのもあれば、ちょっと気取った文面の通知もあるだろう。

懐かしいあの校庭のすみの大銀杏《おおいちょう》も、すっかり色づいてまいりました。皆様いかがお過ごしですか。

久しぶりに集まろうじゃありませんか。われらが○○先生もすでに喜寿を迎えられましたが、あの毒舌はまだまだ冴《さ》えています。欣然《きんぜん》参加するぞと意気軒昂《けんこう》です。皆様も負けずにふるって参加ください。

「成人の日」の二〇一〇年一月十一日午後三時。われら還暦の新「成人の日」を祝おうという趣向です。新宿区××町5の5、小料理屋「酩酊亭」（TEL／／／／／／）。われらに相応《ふさわ》しい店名です！　ご返事は十二月十五日まで必着です。

どちらを採るか、どちらが好きか、は人それぞれだろうし、どちらが正しくて、どちらは間違い、ということもない。

たかが、とはいわないけれど、このようなクラス会の通知ひとつでも、書き方はいくつもあるわけだ。これは〈練習1〉で、朝起きて顔を洗って食事をとる、というごく簡単なことを書く場合でも、いくつもの書き方があることを示した通りである。つまり、どう書いてもいいわけだ。

「小論文」を題名に掲げながら、矛盾《むじゅん》を口にするようだが、「小論文」だとか「作文」だとか、あたかもくっきりと区分けできるようにいうけれど、その境界は互いに入り組んでいる。

いい論文は、読みやすく、面白いという点で、限りなくいい作文に近い。

いい作文は、論理的で、しかも読みやすいという点で、限りなくいい論文に近い。

小論文のなかの「チャップリンの時計」

次に、ある高名な文章の書き出しの部分を挙げてみよう。これは、いわゆる「小論文」および「作文」という区分けでいえば、全体としてどちらに入るのか判断してみよう。

チャップリンの映画『独裁者』のなかで、"What time is it?"というセリフが出て来る場面が二度あった。最初はシュルツという負傷した士官が砲兵のチャップリンに助けられて飛行機で脱出する途中でこうたずねる。この時飛行機は逆《さか》さに飛んでいるのだが、二人とも雲海の中にいてそのことが分らない。チャップリンが懐中から時計を出すと忽《たちま》ち、時計は鎖からニョッキリと目の前に聳《そび》え立って彼をおどろかす。二度目は、ゲットー（ユダヤ人街）で乱暴をはたらいた揚句、アンナにフライパンでのされた突撃隊員の一人が意識をとりもどして立ち上って、真っ先にいう言葉がやはりこれである。（後略）

さて、この書き出しはいかにも軽快だし、物語風で面白い。エッセイ、つまり「作文」そのものといった調子だ。ではタネを明かそう。

戦後日本の論壇を牽引《けんいん》してきた代表的知識人、政治学者、思想史家、丸山眞男《まるやままさお》（一九一四〜一九九六）の論文「現代における人間と政治」の冒頭の部分である。『丸山眞男集』（岩波書店）第九巻に収録されているこの論文は三十三ページある。学者の論文としては、中、ないし小論文といった分量だろう。

チャップリンの時計は、腕時計と違っていわゆる懐中時計だから、鎖がついていて懐中にしまってある。それを取り出したら、ニョッキリ目の前に聳え立った。上半身、空中に丸出しの昔の飛行機が、いつの間にか逆さまになって飛行している。だが、雲の中にいるから本人たちは気がつかない、という喜劇的設定である。

逆さまのチャップリンがその鎖つき懐中時計を取り出したもんだから、時計は真下にぶらさがる。画面の飛行機は、逆さまではなく正常の位置にあるから、時計は目の前にニョッキリ聳え立つ格好になってしまう。

チャップリンはこの映画のなかで、現代とはいかなる時代かを執拗《しつよう》に問いつづける。それは「逆さの時代」だということである。だからこそ"What time is it?" いま何時だ? という問いがくりかえされる。

「逆さの時代」には、人は「逆さ」であることに気がつかない。いつの間にか「ファシズムの時代」、「逆さの時代」になっているのに気がつかない、といった論が、じつにわかりやすく面白く描かれている。

きわめて良質のエッセイとしても読めるほどなのだ。いい論文は、いい作文、良質のエッセイに限りなく近いという典型がここにある。

チャップリンの傑作映画『独裁者』を観た体験を巧みに引用して、この論文は説得力のある内容になっている。一九六一年に発表された論文だが、いつ読んでも新鮮な、ステキな論文といえるだろう。

「小論文」も、このように読みやすい、面白い書き方をしたいものだ。論文は硬い文章、作文は軟らかい文章という固定観念を捨ててかかりたい。

〈練習3〉のところで引用した、レヴィ＝ストロースの、世界の知性に衝撃を与えた大論文の書き出しもまた、じつに軟らかい感触で魅力的だ。

旅といい、探検家といい、わたしの性《しょう》にはあわない。とはいえ、わたしは現にこれから、いくたびかの調査旅行について語ろうとしているのだ。しかし、こうと腹が決まるまでに、どれだけの歳月をついやしたことか！　わたしが最後にブラジルを去ったのは、すでに十五年の昔になる。そしてその間、毎年のようにこの本にとりかかろうとしては、そのつど、なにか気恥ずかしい気もちと嫌悪感《けんおかん》が先に立つのだった。（『悲しき南回帰線』室淳介訳、講談社学術文庫）

第二章

「書くこと」がおもしろくなる！

「考える力」もつく！

まず歴史に教わろう

『万葉集』という文化遺産

●練習5

次の文章を解読してみよう。

余能奈可波　牟奈之伎母乃等　志流等伎子　伊与余麻須万須　加奈之可利家理

さあ、これをどう読むか？　まずこう考えてみよう。漢字は一つひとつが、それぞれ意味をもっている。「余」は、「われ」「おのれ」とか「あまり」といったことを意味している。しかし、いまここでは、意味は無視して音だけを取り出す。「余」はただ「よ」と読む。「能」もまた同じように意味は無視して、「の」とだけ読む。同じようにして、すると、「余能奈可波」は「よのなかは」と読めるだろう。

「牟奈之伎母乃等」は「むなしきものと」となる。

こうやって、この漢字の羅列《られつ》は「よのなかは　むなしきものと　しるときし　いよよますます　かなしかりけり」と読むことができる。

世の中は　空しきものと　知るときし　いよよますます　悲しかりけり

世の中は空しいものと知ったいま、いよいよますます悲しくなる、と空しさと悲しみをうたったこの和歌は、わが国最古の歌集『万葉集』の巻五にある、大伴《おおともの》旅人《たびと》の作品だ。

妻を失った夫の悲しみが、千余年の時空を超えて、ひしひしと伝わってくるようではないか。

日本列島に暮らす古代の人びとは、はやくから「やまとことば」で、語り合い、歌をうたってきた。そのことばの多くは、「あかとき（暁）」や「うお（魚）」のように、いまのことばに近いものだった。

しかし、そのことばを残す方法、すなわち文字をもっていなかった。そこへ、

四、五世紀ごろ、朝鮮の人びとによって、中国の漢字が伝えられた。
人びとはこの便利な「道具」にすぐにとびついて、利用する方法を発明した。それこそ「余能奈可波」という、音のみを利用した、いわゆる「万葉仮名」である。


『万葉集』四千五百余首は、このような「万葉仮名」によって表記された。やがて、その字の崩《くず》し字から平仮名が、「以」→「い」のように創《つく》り出された。

さらに漢字の、遍《へん》、または旁《つくり》だけを取り出して、「伊」→「イ」のように、カタカナが創り出された。

こうしてわたしたちは、漢字・平仮名・カタカナを同時に用いる、世界でも例のない国語を手にしたのである。奈良・平安初期の時代の人びとが残してくれた、偉大な文化遺産である。

わたしたちはいま、その文字とことばによって、考えたり、書いたりして、互いの考えを伝え合いながら生きているのである。

「考える・書く」ためには、まずそのような貴重な歴史を、しっかりと認識するところから出発しなければならない。

太平洋戦争の敗北のあと、漢字は、書くのが難しく、数も多いというような理由によって、不当な圧迫を受けた時代もあった。

たくさん覚えなければならないのは、横文字だって同じなのだから、まことに愚《おろ》かな考え方だった。

むしろ最近では、脳科学の進歩によって、漢字・平仮名・カタカナ交じり文を読むときの脳の働きが、次第に明らかになってきた。どうやら、脳の活性化に効能があるらしいともいう。

もちろん、どこの国の国語だって、それぞれに歴史があり、素晴らしさをもっているのだけれど、日本の国語は、漢字・平仮名・カタカナの配列によって、独特の、美しさと、効率の高さを誇《ほこ》ることができる。

効率とは、たとえば、「雨」「雪」「風」を、「あ・め」「ゆ・き」「か・ぜ」と、音をひとつずつ読まなくたって、視覚的に語意を把握《はあく》できるところにもある。

名前も文章

「言霊《ことだま》」という古いことばが、日本にはある。ことばには神が宿っていて、霊力があるというのである。

身近な例でいえば、名前がそうである。名前にはわが子に対する親の祈りがこめられている。

センエツながらぼくの場合なら、「隆史」の「隆」は盛んなこと、元気なこと。「史」は、歴史や文章を意味する。

ゲンキよく文章を書くような人間になってくれ、という祈りをこめて、両親はこの名前をつけてくれた。

恥ずかしながら、期待に応えられたとはいえそうもないけれど、祈りは祈りである。だれだって同じで、ぼくは娘と息子に、『万葉集』の歌から、幸福がたくさん重なることを意味する、「千重」と「真幸」ということばを探してきた。「花子」は、わが子が、花のように、こころも姿も美しい人間になって欲しいと願った結果だろう。

そのような意味で、名前こそ、最も短い文章であると、ぼくは考えている。しかも、祈りの文章なのだ。

わたしたちは、存在そのものが、すでにして「文章」なのである。「名前」という「文章」が肉体化して、日々を生きているのである。

何の学問もないぼくが、以上のようなことを考えるようになったのは、次に掲げる文章を読んだからだ。

文字は、神話と歴史との接点に立つ。文字は神話を背景とし、神話を承《う》けついで、これを歴史の世界に定着させてゆくという役割をになうものであった。したがって、原始の文字は、神のことばであり、神とともにあることばを、形態化し、現在化するために生まれたのである。

（白川静『漢字――生い立ちとその背景』岩波新書　一九七〇年初版）

文字も文章も、もともとのはじまりは、人間の精神の奥深いところから発せられた、静かな祈りのことばなのである。

それは、天と地のなかに満ちあふれる、人智《じんち》のおよばない、偉大なる存在に対する「畏怖《いふ》」の念の顕在化したものなのだろう。

「畏怖」の念を忘れないかぎり、人間の精神の奥には、いつだって文章が在《あ》るのだ。それと気がつかないでいるだけだ。

生きる、とは、そうと自覚しないままに、精神の奥底で、絶え間なく文章を記していることではないのか。

「書く」行為とは、そのことを自覚し、認識して、文章をそっと取り出すことだ。

だから、人は、その気になりさえすれば、だれだって文章を記すことができるのだ。

小論文だろうと、作文だろうと、すべては同じなのである。

ただし、精神の奥底から文章を、そっと取り出すには、それなりのコツがいる。コツとは、さまざまな工夫である。このいたらない「練習帳」もまた、その試みのひとつだ。

「話すように」書けばいいのか

「論文文章」は錯覚

●練習6

①　アリマス、アリマセン、アレワ　ナンデスカ（原文はローマ字）

②　定め難きは生死の分別。

③　存《なが》ふか、存へぬか？　それが疑問ぢゃ。

ここに挙げた三つの文章は、有名な英文学のなかの一節を、それぞれ別の人が翻訳したものである。その英文学とは、だれの、何という名前の作品か？

文章は、話すように書けばいい、と説く人がときどきいるようだが、話すように、とはどういうことかしら。

おしゃべりをそのまま文章にしたら、まことにしまらない、だらしのない文章になってしまう。

きちんと短くしゃべる人の話すことばを文章にしたところで、似たようなものだ。

と全面否定したうえで、ぼくは「話すように書こう」と提言する。それは、ダラダラと書くのではなく、話しているときのような、ごく自然な自由な話しことばをつかおう、という意味なのである。

文章、ことに論文を書くとなると、まるで「論文文章」という特殊な文章があって、それに従って書かなければならないような錯覚《さっかく》に陥《おちい》る人がいる。やたらに「である。」を振り回して、難しいことばを用い、難解な言い回しをすれば、それで高級な論文、という思いこみだ。

これはすでに、〈練習4〉で、政治学者、思想史家、丸山眞男さんの「軟らかな文章」を例に引きながら語ったことだ。

〈練習5〉のところで、「万葉仮名」などの文字の歴史に触れたのと同じに、ここでは文章そのものの変遷《へんせん》の歴史に、少し触れておかなければならない。

なぜならば、それを知り、先人たちが、いまの書き方に到達するまでに払った努力に、畏敬《いけい》の念を抱かなければ、いま「なぜ？」わたしたちは、このような書き方をしているのか、理解できないからだ。

落語家のおしゃべりが基本

さて〈練習6〉の三つの文章だが、これはいまさらいうまでもなく、あのシェイクスピア（一五六四～一六一六）の傑作戯曲『ハムレット』のなかの有名なセリフ、

「To be, or not to be: that is the question.」の和訳だ。

昔の人の苦心のほどがしのばれる文章の典型なので、ここに登場してもらった。

①は最も初期の明治七（一八七四）年の、横浜で発刊されていた月刊誌『ザ・ジャパン・パンチ』に載った和訳。これについてはいろいろな研究があるけれど、ここでは、まことに珍妙な、邦訳であり、日本語であるというにとどめておく。

②は明治三十八年の訳。

③は明治四十二年、坪内逍遙《つぼうちしょうよう》訳。

①はともかくとして、②も③も、まだ文語体だ。

文語体とは平安時代中期の言語の体系に基づいて書かれる文章の様式で、明治時代まではもっぱらこれだった。大正、昭和の時代でも、太平洋戦争ごろまでは公用文、手紙文などに用いられてきた。

書きことばと話しことばは、まったく別だった。たとえば、話しことばでは、相手のことを、「お前」とか「君」というのに、書きことばでは、「汝《なんじ》」といった具合だった。

学校でうたう唱歌だって、文語体だった。卒業式なんかではいまもうたう「蛍の光」もそう。

ほたるのひかり、まどのゆき、
書《ふみ》よむつき日、かさねつつ、
いつしか年《とし》も、すぎのとを、
あけてぞけさは、わかれゆく。

おしゃべりで、こんな調子のことばをしゃべったら、笑われてしまう。これは文語体という書きことばなのだから。

　これでは思想や感情を自由に表現できないから、文章のことばも、話しことば、つまり口語体で書こうという運動が盛んになる。

　これが「言文一致」の運動である。折から速記術の完成者、若林坩蔵《わかばやしかんぞう》（『ことばの写真をとれ　日本最初の速記者　若林坩蔵伝』藤倉明、さきたま出版会）が、人気落語家、三遊亭円朝《さんゆうていえんちょう》（一八三九～一九〇〇）の怪談『牡丹灯籠《ぼたんどうろう》』を速記で記録して出版すると、大変な評判になった。

　坪内逍遙は二葉亭四迷《ふたばていしめい》に、円朝の語りのように文章を書いたらどうかと勧めた。こうして二葉亭四迷は、わが国最初の言文一致体の小説『浮雲《うきぐも》』を書くことになった。

　わたしたちが、いま書いたり読んだりしているほとんどの文章の形は、落語家のおしゃべりが基本だった。

「小論文」の筆者たちがいま、「考え」を自由に表現できるのは、ひとえに先人のこのような努力のおかげなのだ。

『ハムレット』のセリフも、大正、昭和の時代に入ると、「生か死か、それが問題だ」「生か死か、それが疑問だ」「このままでいいのか、いけないのか、それが問題だ」などと、まさに自由に変化してゆく。

先人の努力によって、このような自由な表現の方法を手にしたというのに、論文となるととたんに、

私は多年、その単なる翻訳紹介をではなくて、それとは別個に、一の自由な立場からするその批判解説的紹介を志しつつ、種種の事情の為にその機会を得ずに今日に及んだ。然《しか》るに我国の内外の事情は、私をして、私の解釈に拠《よ》るその忌憚《きたん》なき紹介を思い立たしめて已《や》まないものがある。

なんて調子の、文語まがいの文章が登場したりする。これは、昭和十八（一九四三）年に日本で出版された、ナチス・ドイツの独裁者ヒトラーの著書『マイン・カンプ（わが闘争）』の解説書の一節だ。

いまでも、論文となると、重々しく、難しそうな装いを凝らす文章が、まかり通っているのは滑稽《こっけい》だ。まるで『吾輩《わがはい》は猫である』のネコが、ヒゲをはやして「吾輩」なんぞと名乗って威張ってるみたい。

これでは、「考え」を自由に表現する文体を模索してきた先人に、申し訳ないというものではないか。

この硬い文章を添削するなら、こうなるだろう。

　わたしは長らく、その本をただ翻訳して紹介するだけではなく、自由に批判、解説しながら紹介したいと願ってきた。しかしいろいろな事情があってできなかった。ところが最近の内外の情勢からすると、いまこそそのチャンスのようだ。

こう書けば、わかりやすいし、説得力だって、難しい文章のときより増すのではないかしら。いい論文は、限りなく、いい作文に近づき、いい作文は、限りなく、いい論文に近づく。

自由に考え、自由に書く。特に小回りのきく小論文は、そうありたい。

「考え」を述べる文章への第一歩

●練習7 「考える」と「思う」の間

「考える」と「思う」は、同じ内容なのだろうか？　それとも違うのだろうか？　比較検証して答えてもらいたい。

こういう問いの場合は、まず自分に引きつけて考えてみることが大切だと思う。とぼくは書くのだが、ここを、「まず自分に引きつけて思ってみることが大切だと考える」と書けるのだろうか？　どうも微妙に感じが違うようだ。

その違いについてある国語辞典は、「考える」が、おもに知的な場合に使われるのに比べて、「思う」は、情意的な意味を中心に用いられる、と解説している。「考える」は、あれこれ、いくつかを比較しながら答えを出そうと努める、という意味で知的、なのだろう。

しかし、「思う」の方には、いくつか比較しながら答えを求める、という意味はあまりなさそう。漠然と、そう考えている、といった感じ。そこが情意的なのだろう。

ところで、小論文の練習で、なぜこんな問いを出したのかといえば、小論文とは、「考え」を述べる文章であって、「思い」を述べる文章ではないからだ。

日本最大の『日本国語大辞典』（小学館、全十三巻）で、「おもう」を引くと、「思・想・憶・懐」と四つも漢字が示される。ところが「考える」では、「考・勘」の二つだけである。

ということは、いささか乱暴に規定するなら、「かんがえる」と平仮名で表記したときには、まあ「考える」だけを念頭に置けばいいのに、「おもう」だと、少なくとも、「想う」「憶う」「懐う」なども想起しなければならない。この四つは、かなり語感もニュアンスも異なる。

上野の国立西洋美術館の前庭にある、フランスの大彫刻家ロダンの作品は「考える人」という題であり、新潮社のとてもステキな季刊誌は『考える人』という書名である。

たとえば、「人間いかに生きるべきか」について「熟考している人」という感じになるだろう。

これが、「想う人」「憶う人」「懐う人」となると、恋しい人を想う、とか、昔の繁栄を追憶しているとか、故郷の人びとを懐かしんでいる、といった気分が濃厚になる。

唐の大詩人、李白《りはく》（七〇一～七六二）に、「静夜思《せいやし》」という有名な詩がある。

牀前看月光　（牀前《しょうぜん》月光を看《み》る）
疑是地上霜　（疑うらくは是《こ》れ地上の霜かと）
挙頭望山月　（頭《こうべ》を挙げては山月を望み）
低頭思故郷　（頭を低《た》れては故郷を思う）

さて、この詩をどう読むか？　直訳するならば、寝床のところまで月光がさしこんでいる、その冷たい白さは、おや霜がおりたのかなと疑いたくなるほどだ、頭をあげて山と月を眺め、頭を垂れて故郷を思う、といったところか。

中国文学の武部利男《たけべとしお》さんには、「李白の〝静夜思〟について」という論文がある。その武部さんは、岩波版中国詩人選集『李白』のなかで、この詩をこう訳している（一海知義『漢詩一日一首　秋』平凡社ライブラリー）。

寝台の前にさしこんでくる月の光を
ふと地におりた霜かとおもった
頭をあげては山の端の月をながめ
頭をたれてはふるさとのことを思った

「霜かとおもった」「ふるさとのことを思った」と、平仮名と漢字を使い分けているところにも、「おもう」ということばの難しさがのぞいているようだ。

ぼくはここまで、「思う」と「考える」について、ほとんど行き当たりばったりに考えを記してきた。つまり、「書きながら考えてきた」つもりだ。

頭のなかに浮かんだ「考え」を書いてきたのではなく、「書く」行為によって、考えが広がってきたのである。

ことばが生まれるまで

ところで、「書く」という行為は、同時に「読む」行為でもあるはずだ。自分が書いている文字を、自分で読みながら書き進んでゆくのだから。

つまり、「読む」と「書く」とは、いわば車の両輪のような関係にある。

と書いたところで、ふと思い出したのは、日本の学者で「世界的」という形容詞のつく数少ない学者、井筒俊彦《いづつとしひこ》さん（一九一四〜一九九三）のエッセイ集『読むと書く』（慶応義塾大学出版会）である。

エッセイといっても、このごろ流行《はや》りのものとは大違いで、深い学識に裏打ちされた趣深い内容である。

そのなかに、本の題名と同じ、「読む」と「書く」、という項目があって、二〇世紀の半ばすぎ、日常茶飯的なヨミ・カキが、重大な学的主題に変貌《へんぼう》した問題を論じている。

「書く」といえば、昔流の考え方では、客観的に何かを文字で書きあらわすことだった。頭のなかにあらかじめ思想が出来上がっていて、それをコトバで再現する（中略）言うべきこと、表現を待っている意味、が書き手の意識のなかに成立していて、書き手はそれを表現するのに一番適切なコトバを探し出してきて言語化する。

井筒さんは、さらにこういう。ところが、フランスの評論家ロラン・バルトによれば、意味があって、それをコトバで表現するのではなく、次々に書かれるコトバが意味を生み、リアリティを創っていく。コトバが書かれる以前には、カオス（混沌《こんとん》）があるにすぎない、と。

「身体」から、じかに滲《にじ》み出してくるコトバ、それだけが本物のコトバだ、という。

ぼくにはこういう論を解説する力はないけれど、たとえばイスに腰掛けて、天井をにらんでいるうちに、頭のなかに「考え」がことばになって表れてくる。それを取り出して紙に書き記す、というのが昔流の考え方だったのが、じつはそうではなくて、ドンドン書いているうちに、コトバがコトバを生み、意味が表れてくる、というのだろうか。

これをぼく流に乱暴にたとえるなら、こういうことになろうか。わが家を出て駅に向かうときに、公園を抜けなければならない。秋になると、ドングリの実がたくさん散っている。そんなことには目もくれずに駅に急ぐ人と、おや秋だな、と感じいって実をひとつ拾う人がいる。

実をひとつ拾う、小さな行為が、ドンドン書いてゆく、という行為にあたり、その行動から意味が表れてくる。コトバが生まれてくる。

部屋のなかでイスに腰掛けたまま、頭のなかで秋を表現しよう、感じようとしてもダメだ。たとえ小さくても、何らかの行動がなければ文章は生まれてこない。

論文とは、「考え」を書くこと、といったばかりだけれど、その「考え」とは、たとえるならば、ドングリを拾い上げる行為から生まれてくるものをいう。「考える」とは、行動することなのではなかろうか。シェイクスピアの『ハムレット』のセリフに、こういうのがある。

考えるというやつを四つに分ければ、知恵はひとつだけで、三つは臆病《おくびょう》なだけ。

ほんとうに「考えている」部分はほんのちょっぴりで、ほとんどは臆病に迷っているだけ、というのだろう。

なるほど、昼食の時間に、食堂のメニューを見つめて、いかにも考えているように見えるのは、カツドンにしようか？　それともラーメンにしようか？　迷っているだけで、考えているわけではない。

机に向かって、いくら考えていても、文章は浮かんでこない。そんなときは、かたわらの国語辞典を開いてみるとか、立ち上がって歩き回るとか、ともかく行動すること。

文章は、頭で書くのではなく、腕で書くものだ、という説もある。ドンドン書いていれば、ことばが生まれてくる、というのだ。

まず精神があって、それからことばが生じるのだ、といったのは、英文学者で小説家の吉田《よしだ》健一《けんいち》さん（一九一二～一九七七。『文学概論』講談社文芸文庫）だった。

それを、こんなたとえにしたら叱《しか》られるかもしれないけれど、食堂のメニューを見つめて決定を下すには、まず「食いたい」という精神がなければならない。

「食いたくない」のでは、唾液《だえき》も出てこないし、何を食うか決定もできない。

「書こう」という精神がなければ、ことばは生まれてこない。では、そのような精神は、どうしたら創り出すことができるのか？

それには、何についても、「なぜ？」と問いかけることだ。

あらゆる文章の主題は「なぜ？」という問い

「なぜ？」を考えれば小論文は書ける

●練習8

「地球」と「地面」を、平仮名またはカタカナで表記してみよう。

「地球」の方はためらうことなく、「ちきゅう」と表記するだろう。では、「地面」はどうだろう？　「地球」の「地」は「ち」なのだから、それに濁点《だくてん》をつけて、「ぢ」とするのだろうか？　「ぢめん」と。

もちろん、「ぢ」は間違いで、「じめん」としなければならない。試しに古いワープロやパソコンで、「ぢめん」と入力して転換しても「地面」は出てこない。新しい機種になれば、ずっと「リコウ」になっているので、「地面」を出してくれるけれど。

同じ「地」が、「地球」は「ち」なのに、「地面」は「ぢ」ではなく「じ」なのは、なぜなのだろうか？

わたしたちは、「地球」や「地面」という熟語を、ひんぱんに口にしたり書いたりしているのに、「ち」と「じ」の使い分けについて、「なぜなのだろう？」と疑問を問いかけることは、まあ、あまりないはず。

ところが、「血」と「鼻血」では、どうか？「血」は「ち」だ。「地面」式にいうなら、「はなじ」になりそうだが、そうはいかない。こちらは、「ち」に濁点の「はなぢ」なのだから不思議である。

ぼく自身も、そんなことほとんど意識したことがないまま、習慣的に使い分けてきた。そもそも、「地球」や「地面」や「鼻血」に振り仮名をつける必要はまずなかった。

むしろワープロになってはじめて、「じ」や「ぢ」をきちんと入力しないと、道具がいうことをきいてくれないことを知って、ちとビックリした。

この問題については、小・中学校長を歴任した土屋《つちや》秀宇《ひでお》さんの著書、『日本語「ぢ」と「じ」の謎』（光文社知恵の森文庫）が、懇切に教えてくれるので、そちらにおまかせするとして、ここでは、わたしたちには、身近な森羅万象《しんらばんしょう》に向かって「なぜ？」と問いかける習慣があまりないことを問題にしたい。

なぜならば、「なぜ？」と問いかけることこそ、小論文の基本であるからだ。

というよりも、あらゆる文章の基本、つまり「考える」ことの出発点は、「なぜ？」にあるのだから。

そもそも、お経も聖書もコーランもふくめて、あらゆる書物は、文章は、「なぜ？」という問いに答えようとしているものではないのか。

「なぜ？」人間が存在するのか？　「なぜ？」わたしは生きているのか？　「なぜ？」わたしは死ぬのか？

もちろん、ただひとつのことについて問いかけているのではなく、複雑にからみあった諸々のことについて、問いかけているのだけれど、早い話が、あらゆる論文、小説、詩歌の隠れた主題は、何ものかに対する、「なぜ？」という問いなのである。

あらゆるものは、上から下に落ちる。下から上に落ちることがないのは、「なぜ？」なのか？

わたしたちは、ボタモチが棚から落ちるのをいつも見てきたのに、なぜボタモチは必ず上から下に落ちるのかを、考えたことは、まあない。

ニュートン（一六四三〜一七二七）が右代表で考えてくれて、「万有引力の法則」を発見してくれたのではないか。

そこから思い切って飛躍するなら、「なぜ？」を考えさえすれば、小論文はだれでも書けるのである。

「考える」とは何を「考える」のかといえば、「なぜ？」を考えるというに尽きるのである。

「われ思う、ゆえにわれ在り」とは、フランスの哲学者・数学者・自然科学者であるデカルトの有名なことばだが、この「思う」とは、何を意味するのだろうか。『真理の探究』という対話篇のなかでデカルトは、登場人物の一人に、「私は疑う、ゆえに私はある」という意味の発言をさせている。

絶対的に疑うことのできない真理に到達するためには、疑えるものはすべて疑わなければならない。たとえば、オレはいま生きていてヒルメシを食っている。しかし、それだって疑える。それがただの夢ではない確証はどこにあるのか？ヒルメシを食っているのは偽《いつわ》りの姿ではないのか？

ところで、すべてが疑わしい、すべてが偽りであるとしても、その疑いも、偽りも、オレが存在しているからこその疑いであり、偽りなのではないか。

オレが存在しなければ、疑いも偽りも存在しない。「われ疑う、ゆえにわれ在り」！

「疑う」は、さまざまな角度から考察できようが、我田引水《がでんいんすい》で押しまくるならば、「疑う」とは、すなわち「なぜ？」と問いかけることにほかならない。

「オムライス」モンダイ

「小論文」とは、森羅万象について「なぜ？」と問いかけ、答えを模索することだ。

森羅万象とは、たとえば、作家、椎名誠《しいなまこと》さんのエッセイ式にいうなら、『ひるめしのもんだい』（文春文庫）にもあてはまるのだ。

昼食のメニューを凝視して、考えている、すなわち迷っているにすぎないのだが、その結果、オムライスに決定したとしよう。

では、オムライスを選んだのは、なぜ？　なのか？　そもそも「オムライス」という名前の語源はどこにあるのだろうか？　なぜ、あれを「オムライス」と呼ぶのか？　それは洋食なのか、和食なのか？

「オムライス」は疑いもなく和製語だ。タマゴを溶いてバターで焼いたオムレツはフランス語だ。炒めたメシ、たとえばチキンライスをオムレツでくるめば「オムライス」ということになる。オムレツの「オム」と「ライス」の合成語が「オムライス」なのだ。

ところで、さんざん迷ったあとでオムライスを選択したのは、なぜか？「好きだからだ」「好きなのに、迷ったのはなぜなのか？　そもそも、なぜ？　好きなのか？」

しつこく問いつめることによって、「オムライス」モンダイはようやく文章になるのである。「食べたら、おいしかった」では、子どもの作文になってしまうのだ。

「いつもより旨《うま》かった」とするなら、「いつもより旨かったのは、なぜ？」なのかを問えば、小論文に一歩近づくことになる。

一カ月ぶりだったから、かもしれないし、上司に仕事をほめられたあとのオムライスだったかもしれない。

何について書くにしても、「なぜ？」という考察を忘れてはならない。椎名誠さんは、『ひるめしのもんだい』のなかで、重要な問題提起をしている。

そいつがどういう人間であるか、というテストをするために、こういう質問をする。

「砂漠を飲まず食わずで歩いてきたら、いきなり目の前に、①カツドン②『文藝春秋』③生ビール④裸のおねーちゃん、があらわれた。君はそのうちのひとつしか選ぶことができない。さてどうするか？」

椎名さんの周辺には、アル中、大食漢、活字中毒者、純正スケベ、暴力家、アナーキスト、コラムニスト、スモウトリなどの素地を隠している雑多な人々がいるけれど、このテストの回答を聞けば一発で内なるものがわかってしまう、という。

友達とすべきは③④を選ぶやつだろうが、と明かしている椎名さんに、同じ質問をされたとするならば、ぼくは迷いもせずに、「もちろん、裸のねーちゃんに決まってらあ！」と叫ぶだろう（椎名さんとは昔、中国の砂漠のなかの古代遺跡「楼蘭《ろうらん》」にいっしょに探検に行った仲だから、まんざらあり得ない話ではない！）。

すると椎名さんは、「クツワダがそう叫んだのは、なぜだろうか？」と、しばし考察するはずである。「ただの純正スケベ・オヤジにすぎないのだ」という答えが出るかもしれない。

そこでさらに、クツワダがただの純正スケベ・オヤジになったのは、なぜか？と考察するのが「小論文的考察」なのである。

「なぜ？」こそは万能の特効薬

たとえば「闇」に「なぜ？」の呪文をかける

●練習9

ある詩人の作品に、「新年は、なぜ、何のためにあるのか？」という意味の問いかけにはじまる詩がある。

このいささか突飛な問いに、あなたらしい答えを考えてみよう。

いささかどころか、かなり突飛な問いかもしれないし、難しい問いかもしれない。

「なぜならば、新年がなければ、その年がはじまらない。時間とは、そのようにして流転し、循環してゆくのである」というような「逃げ」の答えがあるかもしれない。

「日はのぼり、日は沈む」と『旧約聖書』の「伝道の書」がいうように、永遠の時は流れてゆく。

その時を、太陽や月の自然のサイクルに従いながら、時間を計る区分を創り、一年と月と週を定めて、暮らしの基準としたのだ。

年が改まって「新しい年」になったとき、それを「新年」と呼んで寿《ことほ》ぐのは、人間の暮らしのなかでの、ひとつの必然なのだ。

というような、まあまあまともな答え方もふくめて、かなりいろいろ考えられそう。問いは、うんと身近な事柄であればあるほど、面白いはずである。

いわく、朝、顔を洗うのはなぜか？

女性の名前に「子」がつくのが多いのは、なぜだろうか？

サッカーにオフサイドという反則があるのは、なぜだろうか？

ワールド・カップ（W杯）に、イングランド代表は常連だけれど、イギリスがいないのは、なぜだろうか？


最後の問いでいうならば、二〇一〇年の南アフリカ大会で、日本の緒戦《しょせん》の相手、カメルーンは、二百もの部族のある複雑な構成の国家ということもふくめて、立派な小論文の書けるテーマなのだ。

日本人は「イギリス」と呼ぶが、じつはそういう名前の国はない。「イングランド」がなまって「イギリス」となったので、英国という呼び名と同じに、日本独特の、いわば、「日本語名」なのである。

「イギリス」なる国は、イングランド・スコットランド・ウエールズ・北アイルランドなどから成る連合王国なのだから。それぞれに独立意識が強いから、イングランドやスコットランドなどは、それぞれ別の国としてW杯に参加するならわしなのだ。

もちろん国連には、「グレートブリテンおよび北部アイルランド連合王国」というひとつの国名で参加している。

という具合に、身近なところに小論文にふさわしい「なぜ？」のテーマが、いくらでも転がっているのだ。

「論文」などと名がつくと、どうしても大きく構えてしまって、「世界と日本」だの、「地球温暖化問題と日本」だのと、大命題を考えてしまう。

そうではなくて、身の回りの、ちょっとしたことに目を向けて、そこから大きな問題へと広げてゆく姿勢が大切だ。

身近な、といえば、わたしたちが毎日のように読み書きしている文字がある。

たとえば漢字そのものに、「なぜ？」という呪文《じゅもん》をかければ、たちどころに「小論文」的な展開が可能になるのだ。

こんな具合に。

「闇」という古い文字がある。暗い、という意味だが、この文字の構造は、「門」のなかに「音」がある。

「門」のなかに「音」がある。なぜ「音」なのか？

これまでの漢和辞典は、それに明確に答えてくれないのだが、漢字の始原を徹底的に追究した学者、白川静さん（一九一〇〜二〇〇六）の「字源の字書」である『字統』（平凡社）で、ぼくははじめて「音」の意味を教えられた。

廟門《びょうもん》で祈っていると、神は人知れずあらわれる。姿は見えないが、草木のそよぎ、気配で、それとわかる。神の「音ない」があらわれることを「闇」という。この文字を暗愚のように用いるのは神意にそむくこと。

つまり、「闇」とは、神が顕現した瞬間の「輝き」をいうのだという。「門」のなかの「音」とは、神のあらわれた証《あかし》なのだ。

「なぜ？」、「門」のなかに「音」があるのかというナゾが、これではじめて一解けたのである。

小論文がたちどころに自分のものになる

ところで〈練習9〉の、ある詩人の問いとは、どんな内容なのか。その詩人とは、新聞記者出身の中桐雅夫《なかぎりまさお》（一九一九～一九八三）という人だ。日大芸術学部を出て、読売新聞の政治部記者だった。

詩の世界で権威のある高村光太郎《たかむらこうたろう》賞や歴程《れきてい》賞を受賞している、素晴らしい詩人だ。大酒飲みでも有名だった。

その詩人の、歴程賞に輝く『会社の人事』（晶文社）という、いささかかわった名前の詩集に、「きのうはあすに」という題の詩がある。

新年は、死んだ人をしのぶためにある、
心の優しいものが先に死ぬのはなぜか、
おのれだけが生き残っているのはなぜかと問うためだ、
でなければ、どうして朝から酒を飲んでいられる？
人をしのんでいると、独り言が独り言でなくなる、

きょうはきのうに、きのうはあすになる、
どんな小さなものでも、眼の前のものを愛したくなる、
でなければ、どうしてこの一年を生きてゆける？

新年は、なぜ、何のためにあるのかといえば、「死んだ人をしのぶためにある」と、詩人はいきなり断言するのである。しのんで、どうするのか、といえば、心の優しいものが先に死ぬのはなぜか？と自分に向かって問いかけるためだ。おれだけが生き残っているのはなぜか？　と問うためだ。おれが、朝から酒を飲んでいるのは、そのせいだ！

これは、人生において、きわめて重要な問いかけではなかろうか。根源的な問いかけといってもいいだろう。「なぜか？」と自分に問いかけることによって、『会社の人事』という詩集のなかの、優れたひとつの詩が成立したのである。「なぜか？」という問いかけは、このように強い力を秘めている。強い力をもっ

たこの問いかけによって、「小論文」ははじめて成立するといってもよい。

この詩は、「小論文」を書くときの構えに重要な示唆《しさ》を与えてくれる。この詩のように展開すれば、「小論文」の手法は、たちどころに自分のものになる。こんな具合にだ。

まずはじめに、「新年は、死んだ人をしのぶためにある」式に断定する。そして、「優しいものが先に死ぬのはなぜか？」と、「なぜ？」の問いかけをして、答えを求めれば、それが「小論文」なのである。

二〇〇九年は、太平洋をはさんだ両岸で、政権交代が実現した、歴史的にも重要な年だった。

アメリカでは、オバマという、史上はじめての黒人大統領が誕生した。日本では、自民党政権が崩壊して民主党政権が誕生した。

そこで、問いかける。「政権交代について考えるところを述べよ」

もしもそう問いかけられて、「小論文」を求められたら、いきなり、たとえばこんなように断言しようではないか。

太平洋をはさむ日米両国にとって、政権交代は、ひとつの必然であった。（もちろん、政権交代を残念に思う人ならば、「太平洋をはさむ日米両国で二〇〇九年に政権交代が起きたのは、歴史がしばしばおかす愚行のひとつであった」と断定することもできるだろう）

そう断定したうえで、では、なぜ？　ひとつの必然なのか（では、なぜ？愚行なのか）を考え、書いてゆけば、「小論文」は、おのずとできあがるのだ。

論文とは、その大小を問わず、

①わたしは、こう考える　②なぜ？　そう考えるのか、という形式に尽きるのだ。

論文に限らず、小説だってそう。近代日本文学の傑作のひとつとぼくが信じている、あの夏目《なつめ》漱石《そうせき》の『吾輩は猫である』だってそうなのだ。その冒頭は、きわめて簡潔に、こうはじまる。

吾輩は猫である。名前はまだない。

そして、全編はこれ、吾輩は「なぜ？」名前がないままで終わるのかという、ナゾの解明に費やされるのである。

さあ、①わたしは、こう考える　②なぜ？　そう考えるのか、でやってみよう！

文章に「定形」「鋳型」はあるのか

いち早く本題に入る

●練習10

次に掲げるのは、温泉の旅館などに泊まったとき、座敷の屏風《びょうぶ》や床《とこ》の間《ま》の掛軸によく見かける、中国・唐《とう》の詩人、張継《ちょうけい》（八世紀後半）の、「楓橋夜泊《ふうきょうやはく》」という有名な七言絶句の詩だ。

月落烏啼霜満天　（月落ち烏鳴いて霜天に満つ）
江楓漁火対愁眠　（江楓《こうふう》　漁火　愁眠に対す）
姑蘇城外寒山寺　（姑蘇《こそ》城外　寒山寺）
夜半鐘声到客船　（夜半の鐘声　客船に到る）

この詩も当然ながら、絶句の構成の法則に従って書かれている。「四文字」のその法則を何というのだろうか？

前節の、「なぜ？」こそは万能の特効薬、では、「書き方」をひたすら単純化して考えようと試みた。

まず、自分の「考え」をキッパリと示してから、あとは、「なぜ？」そのように考えたのか、理由をグングン書いてゆけば、「小論文」はおのずとでき上がってゆくのだ、と語った。

これをわたしたちの日常にたとえるなら、人に会ったときの時候の挨拶は、ほとんどいらない、ということだ。

ある会社を訪問したとしよう。応対に出てくれた人に向かって、「まことにいい天気で何よりでございます。温暖化のせいでしょうか、このごろは冬もちっとも寒くなりませんねえ。おかげで燃料代が少なくてすみますけれど――」といった調子で時候の挨拶をクドクドやったのでは、相手はイライラしてしまう。「ところで、ご用件はどんなことで？」と、話をさえぎられてしまうだろう。

こちらは忙しいのだ。さっさと本題をいえよ！　とキレてしまうに違いない。

これじゃあ、商談成立とはいきそうもない。

小論文もまったく同じ。時候の挨拶的な前置きは、いらない。いきなり本題に入り、素早く「なぜ?」を展開して、読む人を、こちらのペースに引きこむのだ。サッカーにたとえてもよかろう。中盤での横パス、球回しに時間を食っていると、相手は守備を固めてしまう。それではまるで、日本代表の「得意技《わざ》」であって、得点には結びつかない。ここぞという瞬間に、グサリとゴール前に殺到してゆけば、その迫力は、いち早く本題に入る小論文と同じだ。

さて、〈練習10〉の答えは「起承転結」である。

文章講座でよく質問されることのひとつに、「起承転結」の問題がある。あれをどう意識したらいいのですか?　というのである。

これは、古代中国の唐の時代に確立された四句から成る詩の構成の法則をいう。五字のものを五言絶句、七字のものを七言絶句と呼ぶ。実例を挙げよう。まず五言絶句から。

春暁《しゅんぎょう》　　孟浩然《もうこうねん》（六八九〜七四〇）

春眠不覚暁　（春眠　暁を覚えず）
処々聞啼鳥　（処々　啼鳥を聞く）
夜来風雨声　（夜来　風雨の声）
花落知多少　（花落つること　多少なるを知らんや）

これが漢字の凄《すご》いところで、何の解説もなくとも、この詩を見つめていれば、意味はおのずとわかる。〈練習10〉の詩も、そう。次は、七言絶句を挙げる。

山中幽人《ゆうじん》対酌　李白

両人対酌山花開　（両人　対酌して山花開く）
一杯一杯復一杯　（一杯一杯　復《ま》た一杯）
我酔欲眠卿且去　（我酔うて眠らんと欲す　卿《きみ》　且《しばらく》　去《かえ》れ）
明朝有意抱琴来　（明朝　意有らば琴を抱いて来たれ）

山に隠遁《いんとん》している人（幽人）と二人で酒を飲んでいると、花がどんどん開いてゆく。一杯一杯また一杯。わしは酔って眠くなった。明朝、その気があったら、琴を抱いて来たまえ。

どちらの詩も第一句から順に、「起・承・転・結」という構成になっている。「起」でまず詩の内容をうたい起こし、次に「承」で、第一句を受けて展開する。さらに「転」で詩想を一転させ、最後に「結」で全体を結ぶ。

なるほど、じつにカッコイイ、優美な形式だと思う。

文章を書くにあたって、規範、目安になるような基本的な「形」があればいいのに、とだれでも思いたくなる。

「五・七・五」と、はじめから字数が制限されている俳句のように、「定形」「鋳型《いがた》」があれば、それに従って書き進めることができるはずなのに！「起承転結」は、「定形化」の一種ではないのですか？どう意識したらいいのですか？という質問は、いかにももっともだと思う。

そこでぼくはいつでも、こう答えるのだ。「起承転結」を、はじめから意識して書こうなんて考えると失敗しますよ。「起」はああだ、とか、「承」はこうだ、なんぞと考えていると書けなくなります。不肖《ふしょう》ぼくはこれまで、「起承転結」を意識しながら文章を作ったことはありません。

そうではなく、形にとらわれずに、自由に書き進んで、その結果、フムフム、まずまずの文章が書けたようだな、と感じたとき、推敲《すいこう》のため再読してみると、結果的に「起承転結」になっていることが多い。その程度に理解しておけばいいのではないでしょうか。

「キッパリ」と自分の考えを示せ

形にとらわれずに、自由に、といったばかりだけれど、じつは、「自由に」というのがなかなかの曲者《くせもの》なのだ。

むしろ、何か目安になるような「形」があってくれた方が書きやすい。俳句は「五・七・五」と形を定めた「定形詩」だ。それに縛られない「自由律」の俳句もあるけれど、これはなかなか難しい。「書き方」はそれこそ、「無限」に考えられるからだ。

①まずキッパリと自分の考えを示す　②なぜそう考えるのかを書く。

これがぼくの勧める第一の「定形」だ。ところが、漢詩を何度も読んでいると、漢詩もじつは、ぼくのいう「定形」とよく似たような形になっているのだ。

「起承転結」でいえば、「起」にあたる、「春眠不覚暁」という一行は、「キッパリ」と自分の考えを示しているではないか。

春の朝というものは、寝心地がよくて、夜が明けたのもわからないで、ウツラウツラしているものだ、と。どうです、「キッパリ」といい切っているじゃありませんか。

まずそういい切って、あとは、「ウツラウツラ」を解説してゆく。そういえば、鳥も鳴いているようだし、夜のうちは風雨の音もしていたようだ。さぞかし花が散っていることだろうな。

ここでいささか唐突に漢詩に登場してもらったのは、もちろん文章の構成について考えてみるためだが、もうひとつ、漢詩を読むことは、文章を書くうえでとても大切なことだと信じているからだ。

ぼくは、原稿用紙に向かう前に、気分を盛り上げるため、しばし漢詩を読むことにしている。

漢詩の、カチッと定まった硬質の叙情は、ぼくの精神にいきいきとした響きを与えてくれるからだ。漢詩独特の格調の高さが、心地よい刺激となるからだ。ぼくだって、格調高い文章が書けそうな気分になる。

くりかえし音読するうちに、リズムがこころに乗り移ってきて、ゆるやかに共鳴するようになってくる。そこで、やおら腕を動かしはじめるのだ。

この「起承転結」を説明するために、江戸後期の儒学者・歴史家の頼山陽《らいさんよう》（一七八〇～一八三二）が作ったといわれる、なかなか面白い俗謡がある。

京の五条の糸屋の娘　（起）
姉は十七妹は十五　（承）
諸国諸大名は弓矢で殺す　（転）
糸屋の娘は眼で殺す　（結）

うまい！　とヒザをたたきたくなる。しかし、頼山陽にイチャモンをつけるのは恐れ多いが、これとて小論文的にいうならば、四句目の「糸屋の娘は眼で殺す」という結論にいくまで、手間がかかりすぎている。そこで、こうしたら、どうかしら？

いきなり、「糸屋の娘は眼で殺す」とぶつけて、エッと驚かせておいたうえで、なぜ、ならば、この姉妹は凄い美人で、しかも眼がたまらないのさ。人を殺すのに大名たちは、大げさに弓矢なんか使うけれど、十七と十五の、この糸屋の娘の眼で見つめられると、だれだってイチコロなのさ！

もうひとつ挙げよう。作家、井伏鱒二《いぶせますじ》（一八九八〜一九九三）に、漢詩の自由訳というユニークな仕事がある。

井伏があつかった詩に、唐末の詩人、于武陵《うぶりょう》（八一〇〜？）の、「酒を勧む」という作品がある。

勧君金屈巵　（君に勧む金屈巵《きんくつし》）
満酌不須辞　（満酌辞するを須《もち》いず）
花発多風雨　（花発《ひら》けば風雨多く）
人生足別離　（人生別離足る）

なみなみと酒を満たした、この酒杯（金屈巵）を、さあ受けてくれ。辞退なんかさせないぞ。なぜならば、花が開けばかならず風雨にあう。それと同じように、人生には別離がたっぷりあるからだよ。

これを井伏鱒二は、こう訳した（『厄除《やくよ》け詩集』講談社文芸文庫）。

コノサカヅキヲ受ケテクレ
ドウゾナミナミツガシテオクレ
ハナニアラシノタトヘモアルゾ
「サヨナラ」ダケガ人生ダ

じつにステキな名訳だ。そしてぼくはここにも、「キッパリといい切る」力を読みとるのだ。サカヅキヲ受ケテクレ、ナミナミツガシテオクレ、と。

なぜ？ ナミナミツガシテオクレ、なのかといえば、花には嵐、人生には別離、であるからだ。

もう一度、くりかえす。まず、キッパリと考えを示せ。その瞬間に、あなたの書く文章は、「小論文」の道を突っ走ることになるのだ。

第三章

「ものの見方」が新しくなる！

素材やネタの見つけ方

ドングリの実に何を見るか

小論文と関係ないものはない

●練習11●

青森の「三内丸山遺跡《さんないまるやまいせき》」は何時代の遺跡かを述べよ。また、なぜ？　その土地は放棄されたのか？

小論文の書き方を考えているいま、なぜ？　このような〈練習問題〉が出されるのだろうか？　小論文とこの〈練習11〉とは、どんな関係があるのか？

多分あなたは、このような疑問を抱くことだろう。しかし答えは簡単である。なぜならば、森羅万象《しんらばんしょう》、この世にあるもので、小論文と関係のないものは、ないのだから。

小論文は、あらゆるものを題材とするのだから。「三内丸山遺跡」しかり。すでにわれわれは、オムライスも、ドングリも、シェイクスピアも、万葉集も、旅も、漢詩も、さまざまなものを話題にしてきたではないか。

あらゆるものを素材にして、そこから、自分の考え方を導き出さなければならない。それが小論文である。オムライスが素材になるなら、巨大な「三内丸山遺跡」が素材にならないはずはない。

さて〈練習11〉だが、「三内丸山遺跡」は縄文《じょうもん》時代の大遺跡である。いまから四千年ほど前まで、ざっと千五百年ほどの間、縄文人の生活が営まれていたことが、大規模な発掘によって明らかになっている。遺跡の一部は、復元された。

当初は海岸に近く、北海道や北陸地方などと海路による交流もあった。新潟県糸魚川《いといがわ》地方のヒスイが発掘されている。

丸太をくりぬいただけの素朴な舟で、海流の強い津軽海峡を渡り、波荒い日本海を往来していた縄文人の姿を想像するだけで、ぼくはこころ躍《おど》るのだ。

やがて、温暖化や地殻の変動などによる海岸線の変化によって、海岸線が後退して遠ざかったためか、この土地は放棄されることになったようだ。

なぜぼくは唐突にも、「三内丸山遺跡」だとか縄文時代などといい出したのだろう。それは、机の上に転がっている、いくつかのドングリの実のせいだ。

わが家の近くの公園には、秋になるとドングリの実が散らばる。駅に急ぐときに、キラリと光る実を拾ってポケットに収めるのが、秋ごとのならわしなのだ。

小さな実は、じつにいろいろなことを連想させてくれる。たとえば、英国の詩人にして画家のウィリアム・ブレーク（一七五七～一八二七）のことを思い出させてくれる。

ブレークにはたしか、「一粒の砂に世界を見る」という意味の詩があったはず。ぼくはそれを読んでから、「一粒のドングリ」に世界を、宇宙を見るようになった。あの完全無欠の紡錘形《ぼうすいけい》には、命はもちろん、世界だって宇宙だってつまっているのではないか。

作文「ドングリの実」、小論文「ドングリに思う」

ドングリは、椎《しい》の実と違って、生のままでは食えない。煮炊きするなりして、アクをぬかなければ食用にはならない。

ざっと一万年前ごろ、わが列島で土器が発明された。多分、焚《た》き火をして、鳥獣魚を焼いていたときに、泥が火で熱せられると固くなることに気がついたのだろう。

土を練って土器が作られた。それによって煮炊きが可能になり、ドングリをはじめ多くのものが食べられるようになった。これぞ、縄文時代のはじまりである。以上のようなことを素材にすれば、ドングリの実ひとつが、作文にもなり、小論文にもなるのである。

では、「ドングリの実」という題で、作文と小論文を試作してみよう。うまい、下手はともかくとして、身近な素材をどう扱うかという、拙《つたな》い実例としてやってみよう。

作文「ドングリの実」

最寄りの駅に行くには、わが家のすぐ前にある小さな公園をぬけなければならない。

四季おりおりの樹木の変化は、あわただしいはずの朝の出勤を、ほんのいっとき散歩気分にしてくれるのである。

秋の朝、一歩、公園に足を踏み入れると、一面にドングリの実が散らばっている。夜来の風で落ちたのだろう。実の一つひとつが、逆光を受けて光っている。

そこが森のなかなら、やがて芽をふいて成長できるかもしれないのに、公園の舗装された道の上では、駅に急ぐ人たちに、空しく踏みつぶされてしまう運命なのだ。

太古、縄文人たちは土器の発明によって、ドングリを食料にすることができるようになったという。ドングリはわれわれの祖先の命の手助けをしてくれたことになる。

そんなことを想いながら、わたしの足はほとんど無意識のうちに、ドングリを避けて歩いているのだ。踏んでしまわないように、小さな輝きに気を配りながら駅に急ぐ。

急ぎ足で小さくステップを踏み替えながら歩いていると、かつてサッカーに熱中していたころ、ドリブルで敵のタックルをかわそうとしたときの感覚が、遠くからよみがえってくるような気分になる。

それでもつい踏んでしまって、足元でプチッと音がすると、思わず舌打ちしているのである。一つの小さなイノチを消してしまったのだ！　公園の出口が近づくと、腰をかがめて、一つ二つ拾う。スベスベした感触をしばし楽しんでからポケットにしまう。ラッシュで押し合いへし合いしていても、オレのポッケには、縄文時代につながるドングリ殿が納まっているのだと思うと、まあまりイライラはしない。

そうやって秋の終わるころになると、わが背広のポッケには、いくつものドングリが、鎮座《ちんざ》していることになる。

以上、八百字だ。体験を具体的に描く、という作文の基本をまずまず忠実に試みてみたつもりだ。

では次に、ドングリを素材に小論文を試みてみたい。

小論文とは、自分の考え、分析を記して、なぜ？　そう考え、分析したのかを記すこと、と何度も述べてきた。

さあ、やれるか、どうか？

小論文「ドングリに思う」

十九世紀イギリスの詩に、一粒の砂に世界を見る、という一節があることを知ってからというもの、わたしは一粒のドングリに世界を見ることができるはずだ、と信じるようになった。

なぜならば、人間の持っているさまざまな能力のなかで、最も重要で素晴らしいものは想像力であるからだ。

一粒の無機質な砂に世界を見ることが可能ならば、命そのものであるドングリの実に世界を見ることが可能でなくて何であろう。

これぞ想像力という、人間のみに与えられた凄い能力の発揮のしどころではないか。

秋になるたびに、家の近くの公園に散るドングリの実を眺めて想うのだ。この小さな実が、われらが祖先の命を育んでくれた。そして、いまのわたしがあるのだ、と。

なぜならば、関東から東北にかけて多い落葉樹林のドングリの実が、土器の発明によって、大量に食料にすることが可能になった。そのおかげで、縄文人の人口は飛躍的に増加したらしい。

公園の一粒のドングリに、わたしはまず縄文人が、火を囲む姿を想像するのだ。かれらは火のまわりで、ドングリやクリや魚やイノシシ肉の鍋《なべ》をつきながら、いまのわたしたちと同じように、にぎやかにおしゃべりをしていたはずだ。

なぜならば、縄文時代はともかく、もう少し時代が進むと、人々はいまのわたしたちがしゃべっているのに近い言葉を用いていたことが、文献的にも証明されているそうだ。

あの万葉集で、中国伝来の漢字を巧《たく》みに利用した、いわゆる「万葉仮名」によって、たとえば、「有米能波奈伊麻佐加利奈利」と記されているのは、「梅の花いまさかりなり」と読む。「梅の花」は古代も「ウメノハナ」だった。

かくしてわたしの想像力は、一粒のドングリの実に、縄文世界を見るのである。

「なぜ？」を強調するために、「なぜならば」を意識的に多く用いているけれど、これでまあまあ小論文的にはなったはずだ。

この場合、そもそもの素材が、ドングリの実、といういささか叙情的な雰囲気に彩られているせいで、「なぜ?」がさほど鮮明には出しにくく、やや作文的気分がただよっていると、言い訳しておこう。もっと無機的な、政治や経済をテーマにすれば、もっと「なぜ?」は明確になるはずだ。

ところで、ここでとても重要なことを強調しておきたい。

そもそも、「ドングリ」を素材にすることができたのは、あわただしい出勤の道で、身をかがめて、その実を拾ったからだ。

ドングリの実が逆光に光る姿に、感動もせず、実を拾うこともしなければ、それは素材として生きてくることはない。

感動して実を拾う、という小さな行動が、作文と小論文を生む力になった。行動なくして作文も小論文もない。

そして、ちょっと調べること。「考え」を述べる、といっても、それは、机上の空論的な思索の結果を述べるのではなく、何らかの具体的な事柄、知識などをもとに、考えを広げ、発想を展開した結果を、「考え」として記すのである。だから、調べたり、質問したりする、「知る」努力がまず求められる。

もちろん、すでに蓄積してある知識を十分に活用しながら、発想を展開する人もあるだろう。

いずれにしても、まず行動ありきである。作文や小論文の素材やネタは、ボタモチのように棚から落ちてはこない。こちらから、積極的に近づいてゆかなければ、素材は見えてこない。

「問答」で書く

自分のなかで対話する

●練習12

古代ギリシアに、「万物の根源」について考えようとした三人の人物が出現した。「根源」は何であると考えたのか?

次のなかから三つ選ぼう。「土」「水」「風」「空気」「神」「無限なるもの」「塩分」「精神」「神託」「天」「水蒸気」

この質問に答えるだけなら、じつは簡単なのである。もし知らなくても、恥ずかしいことはない。哲学史の本で調べれば、わけなくわかる。インターネットでも同じだろう。

紀元前六世紀ごろ、イオニア地方の地方都市ミレトスに、三人の「考える人」が出現して、それぞれに、「万物の根源」とは何かについて、こう考えた。

タレス（紀元前六二四～前五四六）は、「万物は水であると」答えた。

アナクシマンドロス（紀元前六一〇～前五四七か前五四六）は、「無限なるもの」と答えた。

アナクシメネス（紀元前五四〇ごろの人）は、「空気」と答えた。

このようなことは、たとえば、岩波新書の『西洋哲学史』（熊野純彦著）や、『いま哲学とはなにか』（岩田靖夫著）のような好著を読めば、たちどころにしっかりと教えてくれる。

さらに詳しくは、毎日出版文化賞特別賞の『哲学の歴史』（全十二巻、中央公論新社）のなかの「哲学誕生　古代1」を読めば、さらに興味津々である。

そうやって学ぶのは、もちろん大切なことだけれど、それと同時に大切なのは、二千年以上も昔の人が、「万物の根源」とは何かという、あきれるほど、驚くべき、素朴な問いを発したという事実に、感動することではなかろうか。

わたしたちはいま、そんな問いを発するだろうか？　まず発しないだろう。それは、「万物の根源」は何であるか、もうとっくに承知しているからだろうか？　承知しているなら、それは何だ？　答えてもらいたい！　教えてもらいたい！

そもそもわたしたちは、「根源的なもの」に素朴に感動し、問いを発することを、忘れかけているのではなかろうか。

しかし、小論文は、「根源的なもの」に向かって問いを発することからはじまるはずである。その「問い」なしに小論文は成立しえない。

「根源的なもの」の第一は「自分」であると、ぼくは考えている。まず、自分に向かって発する問いである。

自然に向けて問いを発した古代ギリシアの哲学は、やがて、問いを自分の内部に向けていった。「人間いかに生きるべきか」という問いである。こうして、自問自答がはじまった。問いは、自分以外の人に向かっても発せられる。

こうして、「問答」は、考える手段として確立してゆく。いまわたしたちが読むことのできる古代ギリシアの文章は、古代ギリシア最大の哲学者プラトン（紀元前四二八か前四二七〜前三四八か前三四七）の『ソクラテスの弁明』も『饗《きょう》宴《えん》』も、すべて問答形式で記されているのだ。

ここで大きく飛躍するなら、小論文を書く手段としても、「問答」は有効なのである。

再び「ひるめしのもんだい」でいうなら、メニューをにらんでの沈思黙考は、自分との問答なのだ。「さあお前は、ヒルメシに、何を食うのか？」と、自分に問いかける。「カレーにしようかな」と自分が答える。「きのうもカレーだった。それでいいのか？」と、さらに自分が問いかけてくる。

「ハムレット」にいわせれば、そんな内面の「問答」は「臆病《おくびょう》な迷い」にすぎなかろうが、わたしたちの「ひるめしのもんだい」はそんな具合に解決に向かってゆくのだ。

この「問答」を、そのまま応用して小論文を書いてみようというのである。先に試みた「ドングリ」問題の小論文の場合はどうだったか？　自問自答は、こんな具合に展開したはずだ。

「さっきは、ドングリで作文を書いてみたけれど、考えを述べるべき小論文となると、メインになる主題が必要だ。何にする？」

「そうだな、オレは秋になって、ドングリを目にし、手にとるたびに、ブレークの詩の一節を想うのさ。一粒の砂に世界を見る、というやつだ」

「その一節が意味するものは、何なんだろうか？」
「そうだな、人間の想像力ということではないかしら。想像力というものは、人間の能力のなかで、最も素晴らしいものだと、オレは信じているんだ」
「なるほど、想像力を主題にしようというわけだな」

「ネコ仕立て」のすすめ

まあ、こんな調子の自問自答が、ひとつながりの文章になって表れたわけだ。じつはわたしたちは、いつだって、それと自覚しないで、自問自答をくりかえしている。

小論文を考え、書くにあたっては、その無自覚を自覚に切り換えて取り組まなければならないわけだ。つまり、自分のなかに、もう一人の自分を構築して、問答をかわす。

と書いた瞬間、ぼくの脳裏には、二〇〇九年十二月十三日付毎日新聞朝刊の「今週の本棚」で読んだ、評論家、三浦雅士《みうらまさし》さんの書評の一節がふと浮かんだ。現代日本を代表する詩人のひとり、中村稔《なかむらみのる》さんの著書『中原中也《なかはらちゅうや》私論』（思潮社）を評した文章に、著者のこういう説が引用されていた。

「作者、つまり、一七歳の中原は、自己の中にもう一人の自己を見ている。どちらが真の自己なのか。どちらも自己ではないのかもしれない。これは、いわば、自我の分裂というべきかもしれないし、最近の言葉でいえば、離人症に似た症状の自覚というべきかもしれない」

なるほど、中也のような大詩人は、自己のなかにもう一人の自己を見ているものなのかしら、とこころ打たれたけれども、当たり前のことながら、じつはぼくは、詩人、中原中也なんぞをめざそうというのでは、もちろんない。

でも、大詩人であろうと、ぼくのようなヘッポコ文筆家だろうと、文章を記すときの内面というものは、自分のなかに他者を構築して問答を交わす、という点だけは、ちょっぴり似ているのだなあ、と思った。

そこで、「自分のなかの他者」だけれど、ぼくはいささかユーモアと諧謔《かいぎゃく》まじりに、自分のなかに「猫」を飼うつもりはどうか？　と考えている。

夏目漱石の名作『吾輩は猫である』は、いうまでもなく「名前のない猫」が主人公で、終始、飼い主である中学の英語教師「珍野苦沙弥《ちんのくしゃみ》」をからかい、嘲笑《ちょうしょう》し、戯画化《ぎがか》しつづけている。

「珍野苦沙弥」は、じつは筆者である漱石自身であって、漱石は「猫の目」を借りて、自分を戯画化しつづけるのである。漱石は、自分の内面に「吾輩」という「猫」を飼育しつつ、自分を見つめたのだ。

漱石もまたぼくのようなフツーの人から見れば、ほとんど狂気の天才だが、ここはもっと軽く考えて、あなたの可愛がっているネコを批評家と見立てて、そのネコの目を借りて自分の考え、文章を批評してもらったら、どうかしら。

自己を客観的に見よ、とはよくいわれることだが、それを「ネコ仕立て」で試みてみようというのだ。

「書く」と「読む」は車の両輪だ。わたしたちが書いているときは、自分の書いた文章を、同時進行で自分で読みながら書き進んでいるのである。

そのとき、自分の文章の「第一読者」である自分は、自分の文章に対して、厳しい批評眼をもってのぞまなければならない。それが「客観的」ということである。

その「厳しい批評眼」を、『吾輩は猫である』にあやかって、ネコに託してみたら面白かろう、と愚考《ぐこう》するのだ。

ただし、自分の内面の思考を、自分の内部の問答だけで是非を判断していても、正確な答えは出にくい。だからこそ、書いて、第三者に読んでもらうのである。ここに「書く」という作業の、「根源的な意味」がある。

世の中の仕組みのとらえ方

どこに着眼するか

●練習13

あまりにも有名な次の文章の空欄を、左に掲げる単語から選んで埋めよう。

〈　〉の〈　〉による〈　〉のための政府は、この世から消えることはない。

国民　市民　人民　民衆　大衆

いうまでもなく、アメリカの第十六代大統領リンカンが、一八六三年十一月、南北戦争の激戦地ゲティスバーグでおこなった戦死者追悼《ついとう》の演説の一節である。アメリカでは幼稚園の子どもでも全文を暗記させられるほどだという。日本でも社会科の教科書に、民主主義の規範として必ず載っているから、多くの人びとが記憶しているはずだ。

では〈練習13〉は、どう答えたらいいのだろう。それほど難しい問題ではないはずだと思う。

ここはむしろ、だれもが即答できると予想したうえで、ではなぜ、そうであるのかを、むしろ考えたいのだ。

答えは、「人民」である。しかし、なかには「国民」と答えた人もいるのでは、なかろうか？

だって、「国民」であっても、意味はほとんど同じだろう、と考える人がいるかもしれない。もちろん、翻訳語だから、絶対にこれ、という訳語があるわけではないけれど、はじめてこの演説が日本に紹介されて以来、明治の時代から今日に至るまで、いつでも「人民」という訳語だけが使われてきた。なぜなのだろうか？

リンカンは、地方の貧しい農家の丸太小屋に育って、ほとんど学校教育を受けず、通りすがりの旅人に読み書きを教えられた。しかし、読書を好み、独学で、聖書はもちろん、シェイクスピアも愛読するようになった。シェイクスピアは、有名なこの演説のレトリックにも影を落としている。

原文を次に掲げておこう。

government of the people, by the people, and for the people, shall not perish from the earth.

「of」「by」「for」という、ごく簡単な単語と「people」の組み合わせは、シェイクスピア的な「ことば遊び」の一種といえるだろう。

もちろん、『ハムレット』のなかの有名な独白、「To be, or not to be」がすぐに連想される。

このなかの、すべての「people」という単語が、みんな「人民」と翻訳されているわけだ。

この英単語を辞書で読めば、「民衆・大衆・平民」が原義で、「人々」「世間の人々」「国民」「民族」という意味になり、「the」がつくと、「人民」「選挙民」などとある。

では、日本語の「人民」とは、どういう意味なのだろうか？

日本国語大辞典によれば、国家を構成し、社会を組織している人々。ふつう、支配者に対する被支配者、官位のない一般の人々をさしていう、と解説している。

さらに、太平洋戦争の敗北以前は、官僚に対する民間人の意味が強かったが、戦後はもっぱら勤労大衆を意味するようになった、という趣旨の解説もある。

では、「国民」はどうか？

国家を構成する人民。その国に属する人。その国の国籍を持つ人、などと解説されている。

ところで、わたしたちは日常の会話のなかで、「国民」という単語は口にするけれど、「人民」という単語はほとんど口にしないのではなかろうか？

「政治家はわれわれ国民の暮らしについて何も知らない！　けしからん！」とはいうけれど、「われわれ人民の暮らし」とは、まあほとんどいわない。

ところで、中国や北朝鮮の正式国名は、中華人民共和国であり、朝鮮民主主義人民共和国である。「人民」という単語には、「左翼的」なニオイがただようのは、このせいかもしれない。国語辞典のいう、「勤労大衆」という単語にも、似たようなニオイがする。

いろいろな理由があるにせよ、「人民」ということばが生きている、数少ない例外が、この「リンカン演説」の邦訳の場合といってよさそうだ。

もしかりに「リンカン演説」のなかの「people」を「国民」と翻訳したならば、どうなるだろうか。この演説が発散させている普遍性は、一瞬のうちに消え失せてしまうだろう。

「国民の、国民による、国民のための政治」としたなら、アメリカ大統領のリンカンが「国民」と発言している以上、当然ながらそれは「アメリカ国民」を指すことになる。

それではまるで、「アメリカ国内限定」といった趣《おもむき》になってしまう。「一国限定」のことばではない「人民」だからこそ、万国共通の民主主義の規範として響き渡ることになるはずだ。

大きな問題を考えるとき

「世の中の仕組みのとらえ方」で、ぼくは何も「人民」と「国民」の意味の差異のみを論じているつもりはない。

民主主義の規範として、だれでも知っている「リンカン演説」そのもののなかにも、小論文の素材が、「なぜ？」という問いかけを待っているのだ、といいたいのである。

日常会話ではほとんど用いられることのない「人民」ということばが、ここに生きているのはなぜなのか？

民主主義の規範を示す名言として広く知られている「人民」ということばが、わたしたちの日常会話ではほとんど使われることがないのは、なぜなのか？

あまり考えたことはないのではなかろうか。「あまり考えたことがない」ようなところに目を向けるのが、「小論文」の出発点なのだ。それは、身近なところに、ひっそりと隠れているはずだ。

「世の中の仕組み」について論じる、などと大きく構えると、つい抽象的な「論」になりがちだ。そうではなくて、大きな問題を考えるときこそ、身近なところに素材を見いだす姿勢が大切になる。

たとえば政治について論じるなら、いきなり「そもそも政治とは――」と大げさに構えるのではなく、たとえば、銭湯で湯につかりながら客どうしが不景気を嘆いているような情景を、まずとらえるところから入る。

限りなく「作文的」な情景を素材にしながら考えを述べてゆけば、ただの抽象論に陥《おちい》ることは避けられるだろう。

また、ついさっき、「あまり考えたことがない」ようなところに目を向ける、と語ったばかりだが、「考えたことがない」という個人的な事情もまた、ときには素材になる。

たとえば、「男女同権について考えを述べよ」と求められたとしよう。多分これは、男性にとっては難しい問題となるのではなかろうか。

なぜならば、女性は性差による不平等に苦しんできたから、いくらでも考えを述べることができようが、男性は「男性優位」が当たり前の社会に生きてきたから、「同権」なんぞ意識することはほとんどなかったはず。

そこで、自分はそんなことほとんど考えたことがない、と正直に告白したうえで、ではなぜ「あまり考えたことがない」のか、を論じてみたらどうだ。

じつは、文章を書け、といわれて、どうしても書けないときには、「なぜ書けないのか?」を書け、という文章作法を、古代ローマの文人が残しているのだ。

汝《なんじ》は、どうしても書くことがない、というのか！　ならば、書け。なぜ？　書くことがないのかを。

「カネは天下のまわりもの」問題

経済オンチのケイザイ論

●練習14●

ここに掲げるのは、経済について論じた、フランスの経済学者による、古典的な有名な定義である。

不況の唯一の原因は○○である。

空欄を二文字の単語で埋めてみよう。

さて、「不況の唯一の原因」といわれたって、不況なんていうのは、「唯一の原因」で起きるものではなく、いくつもの原因が複合的にもつれあって起きるものではないか。

だれもがそう考えるだろう。その通りなのである。その通りではあるけれど、しかし、このような発言も成立するところに、ケイザイの面白さがあるのだ。つまり、壮大なジョーク的リクツの面白さなのだ。

経済学科を卒業はしたけれど、サッカーのボールを追いかけるのに熱中して、ほとんど教室には行かなかった。それでも「優」をとったのは、その経済学の教授が、わがサッカー部の大先輩だったから。

というような経済オンチのぼくがいうのだからアテにはならないけれど、ぼくはこの定義が大好きなのだ。

というような前置きはこれくらいにして、さて○○を埋めてみよう。それは、「繁栄」の二文字である。

すなわち、「不況の唯一の原因は繁栄である」という定義だ。

フランスの経済学者ジュグラー（一八一九〜一九〇五）は、もともと医者だった。科学者としての態度で経済現象を分析するうちに、「統計的景気変動論」の先駆者となった人だ。

恐慌《きょうこう》について考察した結果、恐慌はほとんど一定の間隔で繁栄のあとに現れることを、事実としてとらえようとした。そこで、次のような超小論文はどうだ。

わたしたちは今日、高度経済成長やバブルによって、繁栄が当たり前のような錯覚に陥っているけれど、経済成長は鈍化したし、バブルははじけた。繁栄や不況が、何十年も連続したことがないことを、経験的に知っているのである。

それなのに、不況になると、この世は真っ暗なような嘆きに沈み、好況になるとウハウハと、それがいつまでもつづくような気分に浮き立つのだ。なあに、人間でいえば、「誕生は死のはじまりのはじまり」であるのと同じに、好況は不況のはじまりなのだし、不況は好況のはじまりなのである。ただ、いつはじまるのか、いつ終わるのかが、わからないだけだ。経済の専門家たちはあれこれ解説し、予測するけれど、そのリクツを一皮むけば、「不況の唯一の原因は繁栄である」というところに帰着する。

一九四五（昭和二十）年八月、太平洋戦争に敗北して焦土《しょうど》と化した日本の経済は「ゼロ状態」から出発した。

ところが一九五〇（昭和二十五）年六月二十五日、朝鮮半島で突如として戦争がはじまり（朝鮮戦争）、国連軍（主力はアメリカ）の補給基地となった日本に、大量のドルが舞い落ちた。これがいわゆる「朝鮮特需」だ。降って湧《わ》いたような好況に、日本の経済界はウハウハ状態になった。

朝鮮の人びとの悲劇を土台にした「朝鮮動乱ブーム」によって、日本経済は復興を遂げることになる。

しかし一年もすると、世界的な軍拡ブームは後退して、内外市況は低落して、倒産が続出し、やがて「二十九年不況」となってゆくのだ。

なるほど、「不況の唯一の原因は繁栄である」。しかし、「繁栄の唯一の原因は不況である」ともいえるのではないかしら。

ところが、渥美清《あつみきよし》さん主演の映画「男はつらいよ」のフーテンの寅《とら》さんのセリフではないけれど、「それをいっちゃあ、おしめーよ」なのである。それをいったら、つまり、身もフタもない。

という程度のことは、ぼくのような「経済オンチ」でもいえることで、当たらずといえども遠からず、といったところだろう。

ここで「小論文」に立ち戻っていうなら、「カネは天下のまわりもの」問題を論じるにあたって、なにも経済の専門家のように論じる必要はまったくないということだ。
むしろ、そんな論じ方をしてはいけない、といってもいいくらい。生活者の視点から素材を拾って論じることではあるまいか。

大学入試や就職試験の「小論文」は、専門的な「経済論文」や「政治論文」を求めているのではない。

日ごろ身近なところで見聞し、経験している、ごく平凡なことがら、現象などに改めて目を向けて、何ごとかを発見する「力」こそが小論文の源になるはずだ。

〈練習13〉では、「人民」という、ごく平凡だが、なぜか「リンカン演説」以外のところではあまり用いられないことばについて考えてみた。

〈練習14〉では、「不況」「好況」「繁栄」のような、これもごく普通に用いられていることばを取り上げてみた。

「カネ」をめぐる発見

ではたとえば、「カネ」について、改めて考えてみたことはあるだろうか?

フランス現代思想や武道の専門家、ユニークな発言で人気の高い内田樹さんは

『街場の現代思想』（NTT出版）のなかの第三章「街場の常識」の項で「お金について」論じている。

ことばを交わし、愛を交わし、お金をやりとりするもの。それが「人間」の定義である（私が言っているのではない。レヴィ＝ストロースがそう言っているのである）。

だから、お金はたいせつだ。

なるほど、面白い発見だ。こういう発見こそが、小論文の源になる。レヴィ＝ストロースや内田さんのように発見するのは難しいけれど、こういう発見の仕方をまねすることなら可能だろう。

たとえば、「カネとはことばだ」といきなり断定したうえで、「ではなぜ？カネはことばなのか」を解説してみる。「百円」という値段がついていれば、「この品物の価値は百円なんですよ。百円お出しになれば、売ってあげますよ」と語っているわけだ。カネはまことに雄弁なのである、と話を展開していってみたらどうか？

ある日の朝日新聞朝刊の「金融情報」欄の「経済気象台」というコラムは、「カネより知恵の時代」と題して「小論文」を掲載していた。一部を紹介するなら――。

政府という主体にはそもそもお金はない。地面からわき出るお金を国民に分け与えるなら、ありがたく頂くのだが、現実は国民からお金を徴収して、それをあたかも政府のお金であるかのように、農家や子育て世帯に配り、地方の道路建設にばらまいているにすぎない。なかには国民の意向を無視した「無駄遣い」も少なくない――。

といった具合で、「政府という主体にはそもそもお金はない」という指摘は、当たり前といえばその通りだが、わたしたちは日ごろそんなことはほとんど意識しない。

「政府がばらまいているカネ、あれはわたしたちのカネなんだ」という自覚から、政治も経済も見えてくる。小論文は、このようにしてはじまるのだ。

「あれは、わたしたちの税金なのだ」というのと、「あれはわたしたちのカネなんだ」というのとでは、かなり響きが違ってくるはずだ。ちょっとした、ことばの選択で、文章の与える印象はガラリと変化する。

常識や通説が引っくりかえる

「エジソン的逆転」をまねてみる

●練習15

次の文章の空欄を適当なことばで埋めよ。

天才とは（　）％の（　）と（　）％のひらめきである。

また、この発言はだれのものか？

これまた、かなり有名な人物の、有名な発言だ。「天才とは99％の努力と1％のひらめきである」

アメリカの大発明家であるトーマス・エジソン（一八四七～一九三一）が、新聞記者に「あなたのような天才に、どうしたらなれますか？」と質問されたときの答えである。

エジソンは、白熱電球、印字電信機、映画などを発明した。絶えざる努力の人であった発明家の恩恵に、いまのわれわれも大いにあずかっている。

とはいえ、ここで問題にしたいのは、エジソンのことでも、発明のことでもない。小論文の基本である、「ものの見方」についてなのである。

「ものの見方」でいえば、ぼくがこの新聞記者だったら、エジソンにどんな質問をしたことだろうか？

「どうしたら、こんなにも貴重な発明を、いくつも完成させることができるのでしょう。教えてください」とでも聞いただろうか。

しかし、「あなたのような天才に、どうしたらなれますか？」という質問は、どうも俗っぽくて避けただろう。でも、結果的には、俗っぽい質問だったからこそ、このような名言を引き出せたことになる。

ちなみに、原文は、「努力」のところは、「perspiration（汗）」であり「ひらめき」のところは「inspiration（霊感、ひらめき）」だ。どちらも、「spiration」で終わる語呂《ごろ》合わせだ。鮮やかなことば遊びになっているところも凄《すご》い。

エジソンはこう答えることによって、「天才」なる存在についての、通俗的な解釈、定義を根本から覆《くつがえ》したのである。

「天才」とは努力なんていうヤボったいものとはカンケイなく、ただ「天」から与えられた「霊感」のみによって「奇跡」を成就《じょうじゅ》する「神がかり」的な存在をいうのだった。

そのような俗世間の「通説」や「定義」、つまり、「ものの見方」を引っくりかえしたのだ。

このような、「ものの見方」の「引っくりかえし方」もまた、小論文にとって、とても貴重な手法なのである。

この、「エジソン的逆転」をまねして、ぼくも「通説」を引っくりかえしたことがある。「まねる」とは「学ぶ」と同系のことばだから、大いに「まね」していいのだと、ぼくは信じている。

疑問、批判をぶつける

一九九五（平成七）年一月十七日未明に発生した阪神・淡路大震災（兵庫県南部地震）は、家屋やビルの倒壊、火災などによって死者六千人以上、負傷者四万人以上という大災害となった。

専門家たちが安全のタイコ判を押していた高速道路がもろくも倒壊したりして、交通網も寸断された。

当時の村山内閣は、現地からの正式報告にこだわるという、悪しき「官僚主義」の典型によって、初動に大きな遅れをとった。

新聞のコラムニストだったぼくは、こうした状況について、ただ短くこう記した。

――天災とは、90％の人災と、10％の天災である。

日本列島は古来、「地震の巣」であることは、無数の地震災害の歴史が証明していることである。近代以前の昔はともかく、科学は発達し、社会の基盤も整備されてきた近代において、地震（風水害などの災害も同じ）への備えは必然であるはずだった。

しかし現実には、都市は無秩序に広がりつづけ、地震への備えはほとんどなかった。大正・昭和の時代にも地震災害は各地で頻発してきた。そのたびに、備えのなさに警告が発せられてきたが、ほとんど無策だった。

「天災」ということばは、たとえば日本国語大辞典では、「自然によってもたらされる災害。地震・台風・落雷・洪水など自然現象によって起こり、人為的に避けにくい災害」と定義されている。

千数百年前ごろの文書にはすでに登場している古いことばだ。その昔は確かに「人為的に避けにくい災害」だったろうが、現代は、地震や台風そのものを避けることはできないにしても、被害を最小限度に抑えることは可能なはず。

阪神・淡路大震災の被害の多くは、明らかに防災体制の不備によるものであり、政治・行政の油断によるものだといわざるをえなかった。

文字通り、「天災は、忘れたころにやってくる」であり、「忘れなくてもやってくる」のだったし、「天災とは、90％の人災と、10％の天災である」だった。

通説、俗説に、疑問、批判をぶつけることもまた、小論文の出発点のひとつ。世間の、いわゆる常識にとらわれずに、自由に発想して、のびのびと論理を展開してゆけば、道はおのずと開けるのだと、信じたい。

いわゆる格言なども小論文の絶好の標的である。たとえば、「急がば回れ」というのがある。急ぐあまり、近道をとろうとすると、かえって道に迷ったりする。

たとえ遠くてもちゃんとした道を行け！

なるほど、山の遭難ではよくあるケース。ジグザグ道をたどらずに、最短距離の直線を行こうとして道から外れる。山の道は規則正しいジグザグではないから、もとの道に出られなくなって、方角がわからなくなってしまう。

ところで、作家、開高健《かいこうたけし》さんはこういう。「悠々として急げ」と。「急がば回れ」に似ているようだが、微妙に異なる。人生、どうしたって急がなければならないときがある。そんなとき、我を忘れてはならない。精神だけは平常に保ちながら、しかし「急ぐ」。

「葦《よし》のずいから天井のぞく」という。小さな穴から広い天井をのぞいて、すべてがわかったようなつもりになるな、ということだろう。

でも、小論文としては、たとえば、小さなドングリに、世界を、宇宙を見なければならないのである。あの小さな実のなかに、無限の生命がひそんでいることを、想像しなければならない。

小さな素材を、大切に扱うこともまた大切なのである。「葦のずいの小さな穴から広い天井をのぞいて」世界を考えなければならないときの方が多いのだ。

いわゆる「情報」なんていうものは、そのように「小さい」ものばかり。

小論文とはニュースである

小さなこと、ちょっとしたことに注目

●練習16●

次に列挙したできごとのなかから、ニュースであると思われるものを選んでみよう。

① イヌが人にかみついた
② 人がイヌにかみついた
③ 人が人にかみついた
④ イヌがイヌにかみついた
⑤ イヌが自分にかみついた

ニュースとは何であるか？ がまず考えるべき問題だが、ここはおおざっぱに、新聞なりテレビなりが、事件、事故、話題として取り上げる可能性のあるもの、

程度に理解してもらえばいい。

　そこで、さて？　と考えれば、ひと昔前の「新聞の読み方」や「新聞記者入門」の類では、ニュースというものの定義について、②を挙げるのがふつうだった。

　イヌが人をかむのはふつうだからニュースではないが、人がイヌをかめば異常だからニュースである、といったように。

　ところが、最近ではイヌの教育が行き届いたせいで、イヌの放し飼いは滅多にないし、公園などでも、イヌが人をかむようなことはほとんどなくなった。

　しかし、庭で放し飼いにしていた猟犬が、飼い主の不注意のため外に出て、通りがかりの子どもをかんで重傷を負わせた、といったような事件がときに起きて、ニュースで報道されたりする。

　一方で、人がイヌにかみついたとしても、それがその人の「異常行動」となれば、異常であるがゆえに「人権」に配慮して、ニュースにはなるまい。
　③も、たとえば満員の電車のなかでのできごとで、次から次へかみついて負傷させたとなれば、ニュースとなるだろう。
　繁華街や夜道で、いきなりかみつかれて負傷する、「通り魔」的な犯行であれば、これもニュースだ。ただし精神に異常があった、と判断されればニュース性は乏《とぼ》しくなる。

④⑤の場合は、たとえば最近の公園は、飼いイヌの「ファッションショー」のような場になっているから、そんなところで起きて騒ぎになれば、それなりのニュースにはなるだろう。

という具合に、①から⑤までを検討してみると、どれも、ニュースになるかもしれないし、ならないかもしれない。つまり、ケース・バイ・ケースという、当たり前のことになる。肩透かしのようで恐縮だけれど、全部○で、全部×ということか。

じつは、この〈練習16〉で問題提起したかったのは、「小論文とはニュースである」といったとき、そのニュース性とは、せいぜいが「人間とイヌのカンケイ」程度のことでいいのじゃなかろうか、という点にある。

たとえば、「9・11」の同時多発テロであるとか、アメリカ史上初の「黒人大統領誕生」であるとか、日本の「政権交代」であるとか、まさにニュースそのものを、真正面から取り上げる必要はないということだ。

もちろんそれを素材に扱ってもいいけれども、ストレートに正面から論じるのは、もういくらもやられているのだから、「小論文」としては、そのなかの「ちょっとしたこと」や、小さなことで、ほとんど注目されなかったことだけれど、自分にとっては大いに興味のあった現象、こそがニュースといいたいのだ。

「9・11」のテレビ画面でいえば、もちろん突入の瞬間も、崩壊の煙も凄かったけれど、ぼくにとっては、無数の書類の破片が舞い上がって、ボタン雪のように散る光景が忘れられない。

高層ビルのなかで、無数の情報はコンピューターのなかに集積されているはずなのに、なぜああも書類の吹雪が舞ったのだろう？　紙の印刷物の時代は、終わったのではなかったのか？

「紙の印刷物の時代の終焉《しゅうえん》」という常識はどうなったのだろう？

新しいものの見方、感じ方もニュース

「ちょっとしたこと」がニュースである、というなら、「人とイヌのカンケイ」だってそう。五項目にわたるできごとを列挙しながら、そのカンケイについて、ついさっき、ちょうど小論文ぐらいの長さの文章で論じたばかりではないか。

ある朝、食事をしながら、ＮＨＫラジオの「民謡の時間」を聞くともなく耳にしていたら、宮城県の民謡「きのこ採り唄」というのが披露された。アナウンサーの解説いわく、「山にきのこ採りに入ったとき、仲間どうし、お互いのいる場所を知らせ合っている唄」というのだった。

それを耳にした瞬間、ぼくの「小論文ニュース感覚」はピクリと動いた。なるほど、農山村の高齢化が進んでいる昨今、山にきのこ採りに入って、道を失って遭難するという不幸があとを絶たない。

昔の人たちは仲間たちといっしょに山に入って、いつでもお互いの所在を確認し合っていたのだな。安全を確認し合うのがルールだったのだな。

昨今は仲間意識も薄れて、独《ひと》りで山に入ることが多くなっているという事情もあるのだろう。

こうした事情は「きのこ採り」に限らず、社会全体に広まっている。都会のマンションなどで頻発している、老人の「孤独死」もまた、「きのこ採り唄」の不在を物語っているのだと、ラジオを聴きながら思った。

朝のラジオ放送で偶然、耳にした「きのこ採り唄」は、ぼくにとって重要なニュースだった。

そのことを、早速ここに書いてみたのだけれど、いまお読みいただいているこの部分の文章は、拙く短いけれども、「小論文とはニュースである」を地で行っているはずだと、我田引水《がでんいんすい》的に考えているのだ。

「小論文とはニュースである」というときのニュースとは、このような近事片々《きんじへんぺん》のなかに潜んでいるのではなかろうか。

読む側からすれば、へえ、なるほどなあ、と感じいるようなニュースがふくまれていることが重要だ。

具体的なことがらに限らず、新しいものの見方、感じ方などもまたニュースなのだ。若い人の感受性が、「おじさん・おばさん」を感心させることだって大いにある。

幼い考え方かもしれないけれど、そのなかに、「へえ！」と思わせるものがあるかもしれない。それも、ニュースなのだ。

第四章

人が読みたくなる「書き方」の実際

文章磨きのテクニック

短く刻みこむように

「手打ち」の味

●練習17

次の文章に手を加えて、もっと読みやすくしてみよう。

今年は「国民読書年」なのでいろいろ考えたのだが、本を読むのは個人的な営みなのだから子どもも大人も気軽に本を読んで、物語を楽しんだり生きるヒントや必要な情報を得たりすることができるような環境を整える手だては社会全体で考える必要があるのではなかろうか。

ある新聞の社説の一部を、恐縮ながら、さらに（！）改悪してみた。これを多少はマシな文章にするには、まず、書いてある内容そのものを改善しなければならないが、ここではそこまでやらずに、削りと句読点だけで試みてみよう。

「読みやすい文章」の条件の第一は、簡潔で、センテンスがあまり長くなく、句読点が的確に打ってあり、ほどよく改行してあることだ。

そのためには、まず削りながら、句読点を打ってセンテンスを短くする。同時に、改行をほどこす。やってみよう。


今年は「国民読書年」だ。

子どもも大人も、気楽に本を読もう。物語を楽しんだり、生きるヒントや情報をもらおうではないか。

そのためにはまず、読書がしやすいような環境作りが大切だ。社会全体で考えなければならない問題だ。


必ずしもよくなったとはいえないけれど、多少は読みやすくなったはずだ。なぜそうなったかといえば、まずセンテンスが、ひと息でいい切れる長さになったせいだ。

小論文だろうと作文だろうと、センテンスはひと息でいい切れる長さにしよう。

文章とは、ある程度の長さがないといけない、という思いこみがあるのだろうか。

ともすると、「が」とか「のに」という接続助詞を乱発しながら、ダラダラとことばを連ねていってしまいがちだ。

しかし、わたしたちは日ごろ、頭のなかで「短い文章」を作りながら考えているはずなのだ。「考える」とは「短い文章」を頭のなかでこしらえることなのである。

もしも「長い文章」をこしらえてしまったなら、それは、ダラダラした、まとまりのない「考え」ということになってしまう。

「短い文章」だからこそ、その考えを人に伝えることができるのだ。テキパキとした会話とは、「短い文章」のやりとりなのだ。

そのためには、ひとことでいい切ってゆくことだ。ひと息にいい切る。「今年は『国民読書年』だ。」と、「。」までを、頭のなかで作ってしまう。

途中で迷わずに、頭のなかで、ひとつのセンテンスを作ってしまう。「刻む」といってもいいだろう。

頭のなかで作る文章が、短ければみじかいほど、それを書き記すスピードも上がる。直すのは、ひと通りできあがってからでいい。途中でやっていると、どうしても長くなってしまう。

ふつうのソバ屋で食うソバは長い。手打ちソバ屋のソバは、あまり長くない。純粋のソバ粉が多ければ多いほど、ブツブツと刻んだようになる。これぞ、手打ちの味である。文章も「手打ち」でいきたい。

もちろん、文章は個性の表れでもあるのだから、長いセンテンスの作家、学者もいるけれど、わたしたちがめざす文章は、センテンスの短い文章だと思う。

わが座右の書のひとつは、夏目漱石の『吾輩は猫である』だ。小説そのものはかなり長いが、文章のセンテンスの一つひとつは驚くほど短い。冒頭からして、こうだ。


——吾輩は猫である。名前はまだない。

何という短さ。これ以上短くしたら意味不明の文章になってしまう、ギリギリのところでパッと切れる。これにつづく、なぜ、名前がないかを説明する部分も、きわめて短いセンテンスの連打だ。

どこで生れたか頓《とん》と見当がつかぬ。何でも薄暗いじめじめした所でニャーニャー泣いていた事だけは記憶している。吾輩はここで始めて人間というものを見た。

川端康成《かわばたやすなり》のあの『雪国』だって、冒頭の名文は凄《すご》い短さだ。短いがゆえに、印象鮮烈なのだ。正直いって、ぼくの好みの小説ではないけれど、出だしのところは、凄い。

この小説については『座談会　昭和文学史一　井上ひさし・小森陽一編著』（集英社）のなかで論争になっている。

小森さんが、私は何度読んでも『雪国』には反発を感じます。どこに反発を感じるかというと、やはり、女性の描き方です、と口火を切った。

井上さんも、僕も反発していた、と応じながらも、でも今は、あの文章からはじまると「もう他のことはいいや」と思う。この文章に最敬礼しようという気持ちです、と語っている。

国境の長いトンネルを抜けると雪国であった。夜の底が白くなった。信号所に汽車が止まった。

――

あまりにも有名なこの書き出しは、きわめて叙情的であるかのように感じられるかもしれない。

しかし、叙情的な飾りのまったくない文章であることは忘れられている。事実そのものが、驚くべきほど冷徹に積み重ねられているだけなのだ。「国境の長いトンネルを抜けると雪国であった」と、ひと息で刻んで、何ひとつつけ加えられてはいない。身もフタもないほど、事実そのものだ。

簡潔なセンテンスの連打

ここに挙げた二例は、きわめて短いセンテンスの書き出しではじまっている。「短い」というだけではなく、簡潔という点でも際立っている。良質の小説の文章は、どれも簡潔だ。

以上は、どれも小説ばかりだ。論文はこうはいかない、と思われるかもしれない。ところが、論文の文章も、良質の論文ならば、あまり長くなく簡潔である。

論文という性質のため、「吾輩は猫である」式の短さは無理にしても、簡潔という点では同じだ。

字引きには、〈おおやけ〉の字引きと、〈わたくし〉の字引きの二種類があると思う。〈おおやけ〉の字引きとは、みんなが言葉をどう使うかについての道しるべであり、〈わたくし〉の字引きとは、自分が言葉をどう使うかについての道しるべである。

教師は、〈おおやけ〉の字引きによりかかりすぎている。〈おおやけ〉の字引きが、いくつもの〈わたくし〉の字引きの編みなおしとしてつくられたものだということを忘れやすい。

これは、哲学者、鶴見俊輔《つるみしゅんすけ》さんの、「字引きについて」(『鶴見俊輔集3 記号論集』筑摩書房)という「小論文」の冒頭の部分だ。

四ページちょっとだから、小論文といっていいだろう。「字引き」の定義を丸暗記すればこと足りるというような教育を、ごく当たり前の日常のことばかりの文章によって批判する。ひと息に頭のなかで作れる長さのセンテンスばかりだ。

意識とは何か。こう尋ねられたとき、私たちは意識について意識するようになる。そしてたいていは、この意識を意識することこそ、意識の本質だと考える。しかし、これは真実ではない。

これまたきわめて簡潔な書き出しだ。アメリカの高名な心理学者、ジュリアン・ジェインズ（一九二〇〜一九九七）の巨大な著書、『神々の沈黙　意識の誕生と文明の興亡』（柴田裕之訳、紀伊國屋書店）は、「三〇〇〇年前まで人類は『意識』を持っていなかった！」ことを解きあかす、六百ページ以上の書物である。

右脳に神々のささやきを受けて、人びとは行動していた、という衝撃的な内容は「二〇世紀最大の論議を呼んだ話題作」だ。

英文の翻訳とはいえ、きわめて簡潔なセンテンスの連打で、大作は幕を開く。

「はじめにことばがあった。ことばは神とともにあり、ことばは神であった」と、ヨハネ伝福音書にはしるされている。たしかに、はじめにことばがあり、ことばは神であった。しかしことばが神であったのは、人がことばによって神を発見し、神を作り出したからである。ことばが、その数十万年に及ぶ生活を通じて生み出した最も大きな遺産は、神話であった。

これは、『神々の沈黙』（アメリカで一九七六年に刊行）に先立つこと六年の一九七〇年に刊行された、漢字の始原を追究する学者、白川静さんの歴史的著作『漢字——生い立ちとその背景』（岩波新書）の冒頭の一節である。簡潔きわまりない文章ではないか。しかもセンテンスは、まさにひと息でいい切れるほどの長さである。

以上、いくつかを列挙した。ひと息でいい切る長さのセンテンスを、いきなり頭のなかでこしらえて、パッと「。」を打つ。

途中で立ち止まって、ここは、このことばにしようか、ほかの単語を探そうか？　なんぞと悩まずに、まず一気にこしらえてしまうのだ。直すのは、それをひと通り終えてからの作業である。

――このごろ政治のことを考えると、きまっていやな気分になる。

これぐらいなら、頭のなかでひと息にこしらえられるだろう。「考える」にしようか？「思う」にしようか？　なんて、立ち止まって考えたりしないで、一気に作ってしまう。それを書き記したあとで、「思う」としたところを、「考える」に書き改めればいい。

あとは、では、「いやな気分になる」のはなぜか？　を書けば、それで完成だ。「なぜ？」の部分も、短い、簡潔なセンテンスの連打でゆこう。

カッコイイ書き出しのヒント

みごとな本題への切りこみ方

●練習18————●

次に掲げるのは、いろいろな作品の書き出しの部分だ。作品の名前を挙げてみよう。

① 木曾路はすべて山の中である。

② 山路《やまみち》を登りながら、かう考へた。

③ 親譲りの無鉄砲で小供の時から損ばかりして居る。

④ 司馬遷《しばせん》は生き恥さらした男である。

⑤ 良識はこの世のものでもっとも公平に分配されている。

⑥ 人間の精神の養いとなる多くの、そうして種々の学芸の研究のうちで、最大の熱意をもって追求すべきものは知識の最美にして最高なるものに関する研究であると私は思う。

⑦ 一九五二年九月三〇日、長野市篠ノ井上石川の川柳小学校六年生だった田中秀征は『信濃毎日新聞』を広げ、石橋湛山《いしばしたんざん》と河野一郎の顔写真が載っているのを見た。

⑧ わたしは一人の男を殺そうとしている。その男の名前も、住所も、どんな顔だちかもまるで知らない。

⑨ 世界がまだ若く、五世紀ほどもまえのころには、人生の出来事は、いまよりももっとくっきりとしたかたちをみせていた。悲しみと喜びのあいだの、幸と不幸のあいだのへだたりは、わたしたちの場合よりも大きかったようだ。すべて、ひとの体験には、喜び悲しむ子供の心にいまなおうかがえる、あの直接性、絶対性が、まだ失われてはいなかった。

⑩　人間がどんなに利己的なものと想定されうるにしても、あきらかにかれの本性のなかには、いくつかの原理があって、それらは、かれに他の人びとの運不運に関心をもたせ、かれらの幸福を、それを見るという快楽のほかにはなにも、かれはそれからひきださないのに、かれにとって必要なものとするのである。

ああ、あの作品だ、とすぐおわかりの方もあれば、さて？　と首をひねる方もおられるだろう。

ぼくの記憶に残っている書き出しのなかから、まことに恐縮ながら、勝手に列挙したのだから、わからないのがあって当然。これは入試の○×なんかではなく、じつにいろいろな書き出しがあるものだなあ！　ということを、楽しんでもらうための〈練習18〉なのだから。さて順を追って解説するなら、

①　島崎藤村《しまざきとうそん》の小説『夜明け前』の有名な書き出しだ。

明治維新前後の、制度上、思想上の変革を、木曾馬籠《きそまごめ》の庄屋、青山半蔵（島崎藤村の父がモデル）を通して描いた大作の空気を象徴的に示す。

② 夏目漱石の名作『草枕』のこれまた有名な書き出し。「山路を登りながら、かう考へた。／智《ち》に働けば角《かど》が立つ。情に棹《さお》させば流される。意地を通せば窮屈だ。兎角《とかく》に人の世は住みにくい。」

③ これまた漱石の小説『坊っちゃん』の、まさに主人公の性格をイッパツでとらえた書き出し。

④ 作家、武田泰淳《たけだたいじゅん》の評伝『司馬遷―史記の世界』（講談社文芸文庫）の、ズバリそのものの書き出しだ。

司馬遷（紀元前一四五？〜前八六？）は漢の時代の歴史家。友人の将軍、李陵《りりょう》が匈奴《きょうど》の捕虜となったのを弁護して武帝《ぶてい》の怒りをかい、男性機能を切り取る刑を受けた。「宦官《かんがん》」になったあと、屈辱をバネに、人類の至宝のひとつである歴史書『史記』を完成させた。

⑤ フランスの哲学者デカルトの著作『方法序説』（落合太郎訳、岩波文庫）の書き出し。人によっては、とても耳の痛いことばだろう。

「われ思う、ゆえにわれ在《あ》り」という命題に到達した人。

⑥　ポーランドの天文学者コペルニクス（一四七三〜一五四三）が、異端として火あぶりの刑になる危険のなかで、命がけで書いた『天体の回転について』（矢島祐利訳、岩波文庫）の書き出し。「地動説の書」である。

そして、「それらは最高の天と諸星の回転・大きさ・距離・出没・その他の現象の原因を取扱うものであり、最後に全体の形を説明するものである」とつづく。

⑦　評論家、佐高信《さたかまこと》さんの評伝『湛山除名　小日本主義の運命』（岩波現代文庫）の、書き出し。きわめて簡潔な事実の積み重ねが全体を象徴的に示してくれる好例。静かなドラマの幕開け。

石橋湛山（一八八四〜一九七三）は、権力政治に抗した民権派のリベラリスト・ジャーナリスト・政治家。内閣総理大臣になったが、健康を損ねると潔く引退してしまった。田中秀征は、のちに政界に珍しいリベラルな知性派として世に出た。

堂々たる哲学をもって独立峰のようにそびえる人間を疎外《そがい》しようとする政治を、

鋭く批判する評伝。

⑧　アイルランド生まれの桂冠詩人セシル・デイ・ルイス（一九〇四〜一九七二）が筆名ニコラス・ブレイクで書いた推理小説の傑作『野獣死すべし』（永井淳訳、ハヤカワ文庫）の、意表を衝《つ》く書き出し。

⑨　オランダの歴史学者ホイジンガ（一八七二〜一九四五）の歴史書『中世の秋』（堀越孝一訳、中公文庫）の、情趣あふれる書き出し。

⑩十八世紀イギリスの経済学の祖、アダム・スミス（一七二三〜一七九〇）の、『国富論』と並ぶ代表的著作『道徳感情論』（水田洋訳、岩波文庫）の書き出し。金儲《もう》け競争に勝つためには、何をしてもいいような昨今の世界には耳の痛い書物。

思いつくがままに列挙した。じつにさまざまな書き出しがあるものだ。見るからに、カッコイイのもあるし、堂々とした風格のものもある。

見逃してはならないのは、それぞれ内容は違うけれど、どれも鮮やかに本題に切りこんでいることだ。あるいは、本題がはらんでいる空気を、短いセンテンスで、みごとにとらえていることだ。次でマネしてみる。

書き出しが見つからないとき

いきなり本題に入る。これが、書き出しのコツである。あるいは、本題で筆者が伝えようと努めたことの雰囲気を大づかみにして、パッと提示する。

いま世界は、とひとこと書いただけでも、私はそこにくっきりと、流血の光景を思い浮かべてしまうのである。

私のこころのなかには、いま声を大にして叫びたいことがいっぱいあるはずなのに、そのことばが何であるか、私はまだ知らない。

電車の窓から、走り去る町の灯を眺めながら、考えた。昨今の世間は、なぜこのように窮屈なのか。

友人のAは、いつでも生きいきと発言する誇り高き男である。

カッコイイ書き出しが、なかなか見つからないからといってガッカリすることはない。「国境の長いトンネルを抜けると雪国であった」だって、川端康成、一世一代の文章なのだから。この小説は、完成まで何十年もかかっているのだという。

わたしたちの手法としては、なかなか書き出せないときには、ごく短く、結論を叫んでしまうことをお勧めしたい。つまり、いいたいことの「結論」をしっかり固めておかなければならないのだ。

なかなか書き出せないのは、カッコイイ表現が見つからないのではなく、自分が何を訴えたいのか、まだわかっていないだけなのである。

それが固まれば、書き出しは自然に流れ出てくる。

リズムのある文章にする方法

「句読点」の打ちどころ

●練習19

次の文章に句読点を打ってみよう。

① 刑事が血まみれになりながら逃げる容疑者を追いかけた

② 彼女は泣きながらなぜこんなことが起きてしまったのかしらとつぶやいた

③ ゴールが決まった瞬間観衆は高らかに歌劇アイーダの勝利の歌を合唱した

句読点、すなわち「、」と「。」には、いくつかの役割がある。

まず句点は、センテンスの終わりのところに打つ「終わりの印」だ。そう難しくはないけれど、「。」はそれだけで一字分であることを忘れずに、マス目のなかに、しっかりと書く。

文の最後の一字が行の最下段のマス目に来てしまって「。」がはみ出てしまったら、最下段のマス目のなかの右下にしっかり書く。次の行の最上段に書く人がいるが、これは読み間違いのもとになる。

次に読点「、」は、センテンスの途中に打つ印で、これはなかなか難しい。役割は、①読み間違いのないように打つ、②リズムを生むために打つ、などだ。

さてそこで〈練習19〉だ。

①には二つの打ち方がある。

刑事が、血まみれになりながら逃げる容疑者を追いかけた。

刑事が血まみれになりながら、逃げる容疑者を追いかけた。

――――

前者だと、「血まみれ」になっているのは容疑者だ。後者だと、「血まみれ」になっているのは刑事だ。「、」の位置ひとつで、意味がこんなにも違ってしまう。

②は、「、」を打つ位置によって、文章のリズムが変わってくることに注目してもらいたい。

彼女は泣きながら、なぜこんなことが起きてしまったのかしら、とつぶやいた。
彼女は、泣きながら、なぜ、こんなことが起きてしまったのかしら、とつぶやいた。

「、」の打ちどころは、音読してみると、違いがよくわかる。前者は比較的クールだけれど、後者は、彼女の感情に忠実に沿いながら、感傷の度合いが強く出てくる。
感情の露出度でいうならば、たとえば、こんなに簡単なセンテンスでも、「、」の打ちどころひとつで大いに変化する。

ぼくは泣いた。
ぼくは、泣いた。

音読してみると、後者は、より感傷的な印象になることがわかるだろう。ただし、感情をこめようとするあまり、「、」を乱発すると、押しつけがましくなり、趣味もあまりよくない感じになるはずなので、要注意。

③を読みやすさを考えながら、「、」を打ってみよう。

ゴールが決まった瞬間、観衆は高らかに、歌劇アイーダの勝利の歌、を合唱した。

――

このセンテンスはもともと、歌劇『アイーダ』の「勝利の歌」、というように、『』と「」で固有名詞をくっておかなければならなかった。

それはともかく、「瞬間観衆」のように漢字が連続すると読みにくくなるので、「、」で分離する。

さて、句読点で大切なのは、自分で打った「、」「。」を忠実に守りながら音読してみること。

　すると、息がつけなくなったり、ブツブツと細切れになって読みにくくなったりして、打ち方に難点のあることがよくわかる。何よりもまず、読みやすいかどうかを、確かめることだ。

　しかも句読点の役割は、ほかにもある。文章のリズムを整えるだけではなく、「考え」のリズムを作ることだ。「考え」が、リズミカルに弾《はず》んでゆくように、「、」と「。」を打ってゆく。


――国境の長いトンネルを抜けると雪国であった。夜の底が白くなった。


　これをたとえば、「国境の長いトンネルを抜けると、雪国であった。」とすることも可能だけれど、それでは、「考え」のリズムが狂ってしまう。

「国境の長いトンネルを抜けると雪国であった。」と、やや長めにいい切って、次に、「夜の底が白くなった。」と、ごく短くいい切ることによって、文章そのもののリズムとともに、筆者の「考え」も弾むように、前へ進むのだ。

「改行」のもつメッセージ

「考え」のリズムは、改行によっても弾んでゆく。「考え」が次に進むときに改行するのではあるけれども、改行する行為によってもまた「考え」は先に押し出される。

改行は、さあ先に進むぞ、という意思表示でもあるわけだ。

二〇〇九年は、太平洋をはさむ二つの同盟国で、歴史的な政権交代が実現したことによって、記憶に残る年となるだろう。いうまでもなく日本とアメリカである。

最初のやや長めのセンテンスから改行なしに、次のセンテンスに進んだために、こちらは短くせざるをえず、「いうまでもなく日本とアメリカである。」と、いささかの停滞をもたらしてしまった。

『雪国』の冒頭は、「長・短」のセンテンスの組み合わせによって、雪国へ思索を誘ってくれたのだが、「小論文」的な例文では、それが逆に停滞を呼んでしまった。

二〇〇九年は、太平洋をはさむ二つの同盟国で、歴史的な政権交代が実現したことによって、記憶に残る年となるだろう。日本では、永久政権の様相を呈していた自民党政権が崩壊し、アメリカではアメリカ史上はじめて黒人大統領が誕生した。

改行によって、一挙に具体的な記述に突入すれば、「考え」はよりリズミカルに弾んでゆくはずだ。

「、」も「。」も改行も、ただの記号や技法ではなく、それぞれに立派な役割を果たしていることをこころに銘記《めいき》したい。

ちょっとオシャレに装う

ヤボな表現、気のきいた表現

●練習20

次の文章を、ちょっとオシャレな装いにしてみよう。

この土手にのぼることを厳重に禁止するものである　警視庁

いまどき、いくら警視庁だって、こんなことばづかいの立て札を掲げるはずもないが、ここはいささかの遊びごころでやってみようか。

① この土手にのぼらないでちょうだいね　警視庁
② この土手にのぼったらいかんぜよ　警視庁
③ この土手にのぼるべからず　警視庁

「オシャレな装い」というのが難物だけれど、ちょっとイイカッコしてみる、ぐらいの理解で考えてみた。いかがだろうか？

①は、親切な「おばさん」風にいってみたんだけれど、ちょっとだらしない感じ。

②は、いつも人気のある幕末の風雲児、坂本龍馬《さかもとりょうま》の口調をまねてみた。

③は、俳句をまねて、五七五になっているので調子はいい。

じつは警察はこの五七五が大好きで、交通安全の標語に目立つし、言葉遊びも盛んだ。たとえば「注意一秒　けが一生」といった調子だ。「一秒」と「一生」のシャレだ。

日本人の口調は、何によらず、いつの間にか自然に「五七五」になっていることが多いのは面白い。

たとえば会話で、「そういえば　そうなんだよな　おまえさん」なんていうのは、完全に五七五だ。

といった具合に、わたしたちは日常のなんでもない会話でも、ほとんど無意識のうちにしゃれた表現をしようと努めているらしい。「しゃれた表現」とは、気のきいた表現、といいかえることもできるだろう。

「しゃれた表現」「気のきいた表現」の反対は「ヤボな表現」だ。〈練習20〉の「この土手にのぼることを厳重に禁止するものである　警視庁」は「ヤボな表現」の典型ということになる（例文用のぼくのデッチアゲです。念のため）。「しゃれた表現」や「気のきいた表現」については、ここで実例を列挙するようなヤボはしたくない。「名文」を数多く読んでもらうのがいちばん手っとり早い習得手段だ。

しかし「ヤボな表現」についてなら、典型的な例をいくつか列挙することができる。なぜならば、ぼく自身、それを散々やってきたのだし、新聞社のデスク時代には、「ヤボな表現」の博覧会のような原稿を読まされてきたからだ。

「飾り」の乱発に要注意

文章をオシャレに、というと、やたらに飾りたてる人がいる。ことに作文では、「飾り」なるものの大半は決まり文句なのだ。

○○高原を散策すると、大海原のように広く青い空に、真綿をちぎったような雲が、まるで羊の群れのように浮かんでいた。
わたしのこころはロックのような響きに高鳴って、青春真っ盛りとでもいうような気分になって陶酔そのきわみに達した。


まことにご苦労さま、といいたくなるような飾りではないか。このような文章は「飾り」の部分から腐っていってしまうもの。しばらく時を置いて読みかえすと、自分で赤面してしまうはず。

これは、「○○高原を散策すると、青空に小さな雲がいくつも浮かんでいた。とても若々しいいい気分になった」で十分。

「真綿をちぎったような雲」や「羊の群れ」のような決まり文句がなぜいけないかといえば、このような「手アカ」のついた常套句《じょうとうく》、決まり文句を思い浮かべた瞬間、高原の空に対する観察が停止してしまうから。

しっかり観察して、自分の表現を発見するのが文章の楽しみなのだ。

「中禅寺湖《ちゅうぜんじこ》の紅葉は、まさに錦《にしき》のような美しさだった」も同じ。「錦のような」といった瞬間、折角の紅葉は、今年だろうと来年だろうと、Aさんだろうと、B

さんだろうと同じ、ごく平凡な風景と化してしまう。
飾らない、という意味では、「図書館に足を運んだ」は、「図書館に行った」でよかろうし、「十年の歳月が流れた」は「十年たった」で十分。
「ちょっとオシャレに」とは、「飾りたてない」ことでもある。

小論文とて同じで、とかく大げさな表現になりがちなのを抑制して、穏やかなことばを選びたい。
小論文となると、政治・経済・社会といった問題を論じることが多くなるけれど、大きな問題であればあるほど、穏やかな、話しことばに近い表現で論じたい。

昨今の政治の姿はまことに目を覆わんばかりの醜態《しゅうたい》で、暗雲低迷して国民大衆の政治不信の声はいまやその極に達して、いかんともしがたいありさまである。

いささか誇張《こちょう》したのだけれど、たとえば、こんな調子の小論文がある。まことに、いかんともしがたい肩の力だ。

小論文は、力まないのが出発点だ。日常会話の調子で、けしからんことであればあるほど、穏やかな表現を選ぶ。

――このごろの政治の姿はちょっとひどい。政治不信の声は高まるばかりだ。

これで十分。力むとかえって力を失う。力みそうになったら、こころのなかの「吾輩は猫である」を思い出すのだ。ネコがヒゲを突っ張って、「吾輩」だなんていって威張ってる感じに、いま自分がなりかかっている！　と自制するのだ。

「思う」「思った」に替わることば

決まり文句、常套句のモンダイとはいささか異なるけれど、小論文となると、「自分の考えを述べる」という原則にこだわるあまり、「思う」「思った」の連発になりがちだ。

何でもかんでも、「――と思った」の一語ですませてしまう。ぼくはこれを「思う症候群」と呼んできた。新聞の社説なんかでも、この症状を呈していることがある。

いささか戯画化《ぎがか》していうなら、たとえばこんな具合だ。

外出していたとき、車が電柱にぶつかるのを目撃した。あっ、大変だ、と思った。運転者はどうしたろう、と思った。駆けつけてみると、幸い怪我《けが》はなさそうなので、まあよかった、と思った。それにしても車の運転には細心の注意が必要だな、と思った。

といったように、すべて「思った」ですませてしまう。もちろん意味は通じるのだけれど、これでは、句読点・改行のところで述べたリズムどころではない。「思考」は停止したままのようにしか見えない。

外出していたとき、車が電柱にぶつかるのを目撃した。
あっ、大変だ、と衝撃を受けた。
運転者はどうしたろう、と心配になった。
駆けつけてみると、幸い怪我はなさそうなので、まあよかった、とひと安心した。

それにしても、車の運転には細心の注意が必要だな、と自戒した。——

「思った」ただ一語ではなく、そのときのこころの動きを忠実に再現してゆけば、「衝撃を受けた」「心配になった」「ひと安心した」「自戒した」というようになるだろう。これで、「思考停止」ではなく、こころの動きを追ったリズムが生まれてくる。

「思った」ただ一語ではいかにも窮屈でヤボ。「オシャレな装い」とは、「飾る」のではなく、その時々の状況に応じた適切なことばを選び出すこと。

「思った」ただひとことで、すべてを代用するような「貧しさ」ではなく、いつでも、ことばの言い換えをこころがけておくことだ。

そのためには、当然のことながら、いろいろなことばを知っておくことだ。豊かなことばが、豊かな文章を生む。

ことばを仕入れる最良の方法は、読書であること、いうまでもない。

第五章

ホンモノの文章力が育つ！

的確なことばづかいのヒント

「美しいことば」というものはない

ある日の『素粒子』

●練習21

マラソンの有森裕子《ありもりゆうこ》さんは、バルセロナ五輪の「銀」に続いて、平成八（一九九六）年七月二十八日、アトランタ五輪でも「銅」に輝いてゴールして、トラックを一周したあと語った。それは、どのことばか？

①「私を私がほめてやりたいのです」
②「自分で自分をほめたいのです」
③「自分で自分をほめたい、と思いました」
④「自分で自分をほめてやりたい、と思いました」
⑤「私は自分をほめてやろう、と思ったのです」

どれも、ほとんど似たような言い回しだけれど、じつは微妙に違う。それは

「ことばづかい」の問題だ。

まずこの五項目をくりかえし、音読してもらいたい。リクツなんかに関係なく、端正な美しさの伝わってくるのがあるはずだ。

正解は③の「自分で自分をほめたい、と思いました」だ。きわめて簡潔で適正なことばづかいではないか。端正とは、こういうことをいうのだ。

これに近いのは④で、マスコミの一部にはこう報じたものもあるが、「ほめてやりたい」では、尊大な気分がただようのと、自分に向かってほめそやしているようで、おかしいではないか。


昔話で恐縮だが、朝日新聞の論説委員として、夕刊のコラム『素粒子』（二〇一〇年現在のそれとは、掲載の場所も字数も内容も文体も異なる。念のため）を担当しながら、ときに社説、朝刊一面の大型コラム『座標』も執筆していた。『素粒子』は一面の最下部にあって、一行十五字で、三行ずつ五項目という形式を守っていた。

極小のコラムではあったが、自分としては四百字詰原稿用紙五枚（二千字）分ぐらいは書けるほど考えたつもりで、三行「四十五字」を書く、という毎朝だった。八年間、独《ひと》りで書いてきた。
有森裕子さんについては、『素粒子』でこう書いた。

——

神は有森裕子さんを創りたまい、
有森裕子さんは自分という人間を
創る。五輪「銅」の輝きを胸に。

二十世紀世界文学の金字塔、アイルランド出身の作家ジェイムズ・ジョイスの傑作『ユリシーズ』(丸谷《まるや》才一《さいいち》さんなど三氏共訳、集英社文庫、全四巻)のなかに、

神は田園を作りたまい、そして人間は音楽を。

という表現があったのを拝借《はいしゃく》してもじったつもり。その部分の「注」によると、ウイリアム・クーパーの「務め」という詩のなかに「神は田舎を作りたまい、人間は都会を作った」という句があるそうだ。つまりぼくのことばは、もじりのも

じり、ということになるわけだ。

何ものにも替えがたいことば

さて、拙《つたな》いコラムを読んでくださったことを通じて知り合いになった画家ご夫妻のことだ。そのアトリエに招かれて、何度か酒杯を傾けたことがある。

夫はあの戦争で特攻隊で出撃したけれど、戦闘機が故障して墜落したため生還した人。酒の好きな元気な人だったが、やがてがんになった。夫人は静かな人で、素敵な詩人でもあった。

ぼくが会社で夜中に原稿を書いているときに電話してきて、あれこれ一時間もおしゃべりしたことがある。夫の病に、かなり疲労しているようすだった。

やがてある日、近所の川で自死した。水にぬれた遺品のなかに、『素粒子』の切り抜きがあった。それは、こういう文章だった。


——神はゴボウ、ニンジンを創り、人間はキンピラを作る。

彼女はキンピラ作りの達人だった。年の瀬ごとに、丹精こめたキンピラがわが家に送られてくるのだった。

そのキンピラについて、長文の『座標』にこう書いたことがある。

――かむほどに、人間肯定の香りがほのかにする。

やがて彼も世を去った。ぼくはいま、ご夫妻から贈られた、ポケットのたくさんついた、仕事に便利な藍色《あいいろ》のベストを羽織って、この文章を記している。

キンピラだとか、ゴボウだとか、ニンジンだとか、それ自体は、いわゆる美しいことばでも何でもないけれど、ぼくにとっては、何ものにも替えがたい、輝くことばなのだ。

ことばの美しさとは、そのようなものなのではなかろうか。

小論文「新・方法序説」

誤解も勘違いも恐れずに

●練習22●

「われ思う、ゆえにわれ在《あ》り」とは、前にも触れたフランスの哲学者デカルトの有名なことばだ。このなかの「思う」とは何を思うことなのか？

① 森羅万象《しんらばんしょう》あらゆること
② すべてを疑うこと
③ われという存在のこと
④ われという存在だけは疑えないこと
⑤ 世界のこと

と出題したけれど、ぼくに正解がわかるはずはない。人それぞれ受け止め方はいろいろだろう。強《し》いていうなら④かもしれないけれど、①から⑤まで全部が正解という答え方だってあるはず。

ここで強弁するなら、この世のあらゆる設問に、果たしてただひとつの正解というものがあるのだろうか？

つまり、小論文なるものであれこれ論じるけれど、そこに正解があるのかどうか？

人間の文明がはじまってこのかた、無数の論文が出現してきた。そのなかには無数の誤解があり、その誤解が基になって正解が導き出されてきたものも多いはず。

たとえば「地動説」は「天動説」という間違いがあったからこそ、正解が得られたのだろう。

しかし正解であるはずの「地動説」にしても、たとえばアメリカ合衆国のいくつかの州では、これを学校で教えてはならない。人間の祖先はサルだったという「進化論」だって、ダメ。

この世も人間も、神が創《つく》りたもうたもので、『旧約聖書』の「創世記」によれば、人間は、神がドロをこねて創りたもうたものらしいのである。

というようなことをなぜここで述べているのかといえば、誤解も勘違いも恐れずに、ジャンジャン小論文を書いてみよう、といいたいのである。

間違いというなら、いま世の中にあふれている、経済やら景気やら政治やらの、大・小の論文のなかには、恐るべき、あきれるような、間違い、勘違い、トンチンカンがあるはずだ。

だって、論文がみんな正解だったら、世の中、とっくに幸福いっぱいになっているはずではないか。

だから「大先生」たちの大論文、恐るるに足らず、わたしたちはわたしたちで、大いに元気よく小論文の論陣をはればよろしい。

デカルトを拝借

デカルトの「われ思う、ゆえにわれ在り」だって、世の中には疑わしいものがあふれているからこそ、唯一、この自分という存在だけは疑いようもない、ということだろう。

だから、わたしたちは、オズオズと小論文を書くのではなく、エイッとばかり威勢よく、景気よく、まず結論をぶつけて、なぜそう考えたのかを記してゆけば、それが小論文である、とは前にも述べた通り。

というわけで、大哲学者デカルトの、超有名な論文『方法序説』を、乱暴にも拝借して書いた「小論文」を紹介してみよう。いささか古く、すでにほかにも引用したことがあるので気がひけるけれど、文中の政治家の名前などをいま現在に置き換えれば、まだ「賞味期限」のうちにあるはず。

題して、「新・方法序説」という。平成九（一九九七）年十二月二十四日付朝日新聞朝刊一面の大型コラム『座標』（このコラムはすでにない）だ。

たとえば一本の樹木だ。

縄文杉のような格別な木でなくてもいい。学校の庭の木でも、通勤や買い物や散歩の途中で見かける、何でもない木でもいい。

どんなに平凡に見える樹木であろうとも、それは木である、というだけで非凡なのだから。

鳥が飛んできては、枝にとまって鳴いている。それだけでも尊敬に値するのだから。

そのような一本の木を、わたしたちは、自分のこころのなかに持つことができるだろうか。

日はのぼり日はまた沈むいつのときも
われに凜《りん》たり心の一樹

歌人、加藤克巳《かとうかつみ》さんがうたうように、ほんとうのわたしたちは、一本の樹木をこころのなかに持つことができるはずなのだ。

京都・栂尾《とがのお》の高山寺《こうざんじ》を訪れたときは、鎌倉時代の名品「明恵上人《みょうえしょうにん》樹上座禅像」の姿を、木々に重ねて見る思いあり、だった。

寺を開いた明恵上人は、ふたまたにわかれた松の木の上に座して瞑想《めいそう》する。樹木そのものになりきってしまったような気配である。わたしたちは、木になりきることもできるし、木と会話を交わすこともできるのだ。

ほんとうのわたしたちのこころのなかは、日本より世界よりずっと広いのだから。

そんなことを考えるせいか、最近は、橋本首相や三塚蔵相がテレビに出るたびに、この人はどんな樹木をこころのなかに育てているのか想像してしまう。

見栄えのしない小さな木でもいいから、しっかりと育ててくれればいいのだけれど。この人たちだって、できるはず。

「あたま山」という古い落語が好きだ。妙に哲学的だ。ケチ男がサクランボを食ったら頭に桜の木が生えた。大勢が花見に来て騒ぐので、木を抜いちまった。その跡の穴に水がたまって池になると、釣り人が集まってうるさい。男はたまりかねて、自分の頭の池に身投げした。

なんだか、一九九七年の日本みたいだ。わたしたちは、こころのなかではなく、頭に木を植えてしまったのである。見た目には華やかだったが、根の腐った木を。

たとえば一丁の豆腐だ。

湯豆腐をつつくには豆腐がいる。豆腐を作るには大豆がいる。

それがすべての基本だ。木を植えるには、太陽と空気と水が必要なように。基本といえば、サッカー・ワールドカップの初出場を決めた対イラン戦3—2の逆転勝利だ。

逆転は「奇跡」ではない。みんなが基本を誠実に守った。その3点に結果がついてきた。

豆腐と大豆のカンケイと同じなのだ。この世の最も基本的な仕組みなのである。

守るべき基本を無視してきた結果が、今年の社会の混乱である。日本は、「神の見えざる手」にゆだねるどころか、自分自身が神になったつもりだった。

たとえば一語の言葉だ。

朝早いときによく朝食をとる、会社の前の築地《つきじ》市場の小さな元気な店で、食後に干し柿を出してくれた。

天竜峡《てんりゅうきょう》の近くに暮らす、八十七歳のおばの手作りであるという。茶をいれながら、店のご夫婦が、ふとこんな風に語った。

「今年は、粉の吹き加減が、ちょっと。果物は、陽気をもらうもんですから」

「陽気をもらう」

この、何げない言葉にわたしはひどくうたれた。そうだ、わたしたちは日々、天地から、「陽気をもらって」生きているのだ。

陽気をもらった柿は、粉の具合はともかく、十分うまかった。

小さな円すい形には、「陽気」という名の、穏やかな「良識」がつまっているかのようだった。

「良識はこの世のものでもっとも公平に分配されている」

いささか逆説的にそう記したのは、十七世紀フランスの哲学者デカルト(『方法序説』岩波文庫、落合太郎訳)。

干し柿にだって、政治家にだって経済人にだって、公平に分配されているのである。

問題は使い方だ。

だれにも「公平」に分配されている「良識」の活用を拒むこころのありようは、「私心」というものではなかろうか。

今年、ことあるごとに釈明する閣僚や大蔵官僚や企業人の言葉の奥に、わたしたちは私心をいやというほど感じてしまった。

そう感じとり、そう知ってしまったならば、二十一世紀に向けて出直すべき新しい方法の序説は、おのずと明らかである。

こころのなかに、一本の樹木を育てながら、ものごとの基本とは何かを、「私心」を捨てて、繰り返し問いつづけることだ。

まことに拙い文章だけれど、これもいちおう小論文のつもり（いまにして思えば、市場のなかの店の名前を「江戸川」と書いたってよかったのに！）。

漢字と平仮名の使い分け方

●練習23――――――――――――――――●
「言う」症候群、発症

次に掲げる文章のなかに、漢字と平仮名の用い方であまり感心できないものがある。どれか？

①「江戸川」と言う名前の店がある。
②「江戸川」という名前の店がある。
③勝つ為に練習する、と彼は言う。
④勝つために練習する、と彼はいう。

まず①の「――と言う」を考えてみよう。国語辞典で「いう」の項を引くと、言葉に出す、言葉で表現する、などといくつもの定義がある。

そのなかに、こういう説明もある。「言う」と漢字を用いる場合には、言葉に出したりする、具体的な行動を示すが、「太郎という人」のような場合は、具体的な行動ではなくて抽象的な動作を示すにすぎない。そのような場合には、「言う」ではなく、ただ簡略に「いう」と書く。

だから、「江戸川」と言う名前、ではなくて、「江戸川」という名前、と平仮名で書いた方が自然だ。

ただし、こういう（こう言う！）場合がある。友人としゃべっていて、たままぼくが「いい店があるんだよ」と語ると、友人が、「店の名前は？」と聞く。ぼくが「江戸川だよ」と答えたとしよう。この問答を文章にするなら、

――

「店の名前は？」と問われたぼくが、「江戸川だよ」と言うと、彼は、「早速、行ってみよう」と応じた。

となるのだけれど、この場合、言葉に出した具体的な行動だから、「いう」ではなくて「言う」でいい。

しかし、ここに、前にも述べた「思う」症候群に似た、「言う」症候群が発症するのである。

言葉に出して表現する行動を、何から何まで、「言う」「言った」でまかなってしまうのだ。

――ぼくが「いい店がある」と言うと、友人は「名前は？」と言った。「江戸川だよ」と言うと、「早速、行くぞ」と言った。

いささか戯画《ぎが》化したが、何でもかんでも「言う」「言った」だ。間違いじゃないけれど、これでは話が先に進まない。文章にリズムが生じない。

――ぼくが「いい店がある」と言ったら、友人は「名前は？」と問いかけてきた。「江戸川だよ」と答えると、「早速、行くぞ」と断言した（と応じた）。

多くの場合、同一の言葉でも、漢字、平仮名のどちらで表記してもいいものがある。

「言う」「いう」、「為」「ため」、「居る」「いる」などがそれ。ぼくのこれまでの経験だと、〈練習23〉の例文のように、ほとんどの場合、ためらいもなく漢字の方を書く人が多い。

もちろんそれが間違いというわけではないけれど、「為」も「居る」も、こう書くとどうも古臭い印象になる。若い人にも、結構多いのだ。

例文の答えは、①は「言う」を「いう」とした方がいいし、③の「為」は「ため」がいい。そして③④の「彼は言う」「彼はいう」は、「断言する」とか「語る」としたらどうか。

漢字と平仮名のどちらを選ぶか、という問題についてはもっと、慎重になるべきではなかろうか。ぼくは、どちらを用いてもいいものについては、平仮名を選択する。

なぜならば、その選択によって、漢字が生きてくるからだ。たとえば「遊ぶ（学ぶ、でもいいのだけれど！）為に生きて居る」とやったら、「遊」も「生」も埋没してしまう。「遊ぶために生きている」なら、主張したいことがはっきりと伝わる。

漢字の「安売り」を避ける

第二章の「まず歴史に教わろう」で、朝鮮半島の百済《くだら》の人びとによって、中国生まれの漢字が伝えられた歴史について考えた。先人の苦労によって、漢字を巧《たく》みに活用し、平仮名やカタカナを発明した。

いまわたしたちの文明は、漢字と平仮名とカタカナという三種類の文字を、同時に用いるという、世界にも希有《けう》な存在である。

最新の脳科学の成果によれば、わたしたちの脳の働きは、漢字・平仮名・カタカナの間をしきりに往来することによって、独特の活性化を遂げているというのである。

どの民族の言葉にも、それぞれの素晴らしさがあることは断るまでもないが、わたしたちは日本の文字表記のユニークさを、十分に活用しているのだろうか？

前にも語ったことだけれど、ぼくは、さあこれから文章を書こうというとき、こころして漢文系の文章をしばらく読むようにしている。これは丸谷才一さんの『文章読本』（中公文庫）などに教えられたことだ。

たとえば、唐の詩もいい。森鷗外《もりおうがい》も夏目漱石もいいし、中島敦《なかじまあつし》もいい。しばらく音読すると、漢文系の簡潔なリズムにこころが染められるような気分になる。

それは何も文章に漢字を増やそう、という意味ではない。漢字を多く読むことで、漢字の奥深さに触れ、「言う」「為」「居る」のような、漢字の「安売り」を避けたいからなのだ。

平仮名の「海」に、漢字が「島」のようにスックと立っている姿を想像したい。漢字と平仮名がバランスよく描かれている文章は、ひとつの美しい風景である。いい詩を見れば、読めば、そのことはすぐに理解できるはずだ。たとえば、詩人、田村隆一《たむらりゅういち》さんの詩集『四千の日と夜』の、

空から小鳥が墜ちてくる
誰もいない所で射殺された一羽の小鳥のために
野はある

「居ない」とか「為」とか書くはずは、絶対にない。漢字と平仮名の、美しい風景！

もうひとつ挙げるなら、大岡信《おおおかまこと》さんの詩集『草府にて』から、

たとへば雲に翔ぶ鳥の
わかれては逢ふ
空の道
かな

「例えば」とか「別れ」という漢字はあるけれど、ここは絶対に平仮名でなければならない。漢字と平仮名のバランスについての、このような考え方、視点は、詩だろうと小論文だろうと同じだ。

漢字・平仮名のバランスのとれた文章は、それ自体がひとつの美しい風景だ。文章は、眺めるためのものでもある。

「書くように生きる」ことのススメ

わたしの最終問題

●練習24

「なぜ文章を書くのか？」

これが『小論文練習帳』の最後の練習問題だ。

これには、いくつもの答えがあるはずだ。まず、入学試験やら入社試験やらで、小論文（ないしは作文）が試験課目のなかにある場合だ。そうなれば、「なぜ？」もヘッタクレもありはしない。「書く」しかない。書かなければ落第だ。

プロの物書きも、まあ似たようなものだ。注文があれば、ともかく書くしかない。書かなければ仕事にならないだけだ。

試験の課題だから、書く。仕事だから、書く。これでは、なんだか、仕方なしに書くみたいではないか。

仕方なしではなく、試験でも、仕事でもなく、書きたいという想いをいつも抱いて、目的もなしに書いている人もいるだろう。「書きたいから書くのだ」と。

このように、「なぜ文章を書くのか?」という問いには、いくつもの答えがある。その答えのなかでも、いちばん消極的なのは「仕方なしに書く」という態度だろう。

しかし、どんなに消極的であろうと、たとえば「怠けて寝ころんでいる」のとは、雲泥《うんでい》の差があるはず。なぜならば、「書く」という行為は、消極的であろうとなかろうと、具体的な行動なのである。

仕方なしであろうと、なかろうと、書くためには、何かを考えなければならない。「怠けて寝ころんでいる」のとは訳が違う。

こうして、わたしたちの精神は、いつの間にか立ち上がっているのである。「書く」という作業は、仕方なしであってもなくても、精神を立ち上がらせる作業なのだ。「書く」という行動の素晴らしさは、ここにある。

「生きる」とは「考える」ことだ。「考える」のを止めることはできない。止めようとしても、「止めよう」と考えることを止めるわけにはゆかない。

「書くように日々を生きる」。ある文章講座でぼくは、そんなことを語った。仕方なしであろうと何だろうと、原稿用紙に向かってから、さあ何を書こうか、では遅い。日ごろから「書く」ように生きていなければ、書けはしない、と。

いかにももっともらしいだろうが、なあに、そんなに難しいことではない。たとえばヒルメシを食べに行って、オムライスを注文する。原子力潜水艦みたいな姿に、ドロリとケチャップがかけてある。グリンピースが一粒のっている。

あれは、なぜなのか？　そもそも「オムライス」の語源は何なのか？　このごろあまり見かけなくなったけれど、スプーンが、水の入ったコップに立ててあるのはなぜか？

オムライスは、さまざまな思索を迫ってくるのである。「書くように生きる」とは、そういう生き方のことだ。要するに、ボンヤリしていない生き方だ。

でも、グリンピースが一粒のっている理由に正解なんかないだろう。いくつもの答えがあるだろう。

「困ったときの丸山・柳田頼み」

ここでいきなり戦後日本の凄《すご》い学者、丸山眞男さんが再び登場したら、ビックリされるかもしれないが、『丸山眞男話文集3』（丸山眞男手帖の会編、みすず書房）にこういう話がある。

クイズというのは必ず正解がないといけない。○×式が困るのは、必ずひとつの正解を求めることだ。ところがあらゆる学問の問題というのは、正解がない、間違いだけある、というのである。

丸山さんはさらにことばをつづけて、カナダ出身の経済学者ジョン・ケネス・ガルブレイスの方法論について語る。

方法論というのは、正しい道を指し示しているのではない。間違った道を示している。しかし、意味がないかというと、そうではない。こっちに行くと谷に落ちるとか、こっちに行くと森のなかに入ってしまうとか、そういうことは確実にわかる。あとは自分で探してみるしかない。それが学問をするということなんです。

ぼくはいつでも困ったときには、この話文集や『丸山眞男集』（全十六巻、岩波書店）に相談するのだ。『柳田國男集《やなぎたくにお》』（全三十六巻、筑摩書房）もそう。「困ったときの丸山・柳田頼み」の座右の書だ。

〈練習24〉の答えは、○×式に、ただひとつの正解が出るはずはない。ぼくがいま「困ったときの丸山・柳田頼み」に走っているように、考えれば考えるほどわからなくなる。いくつも正解らしきものが浮上してくる。

一九七六年生まれの芥川賞作家、川上未映子《かわかみみえこ》さんも、自意識から離れて正解のないものをあれこれ考える、と語っている（二〇一〇年二月十四日付朝日新聞朝刊オピニオン欄）ように、小論文に正解なしなのだ。

なぜ書くのか？　といえば、書けば書くほどわからなくなるからだ、という答えもあるだろう。少なくとも「わからなくなる」ことだけは確実だろう。

わたしが知っていることはただひとつ。わたしは何も知らないということだけだ。

古代ギリシアの哲人ソクラテスが、そう語ってから、ざっと二千五百年が過ぎた。ではいまからさらに二千五百年を経たとき、人類はいまよりは多少は、何ごとかを知っているのだろうか?

遠い未来のそのころ、どこかの洞窟《どうくつ》で『小論文練習帳』を発掘するかもしれない人のために、ここに記しておこう。

書けば書くほど、わからなくなる。でもヘイチャラで、ドンドン書く。わからないことが増えてゆくことの、何という楽しさ!

あとがき

文章の書き方などについて、お目にかかって話をうかがったことのある大野晋さんの、あの『日本語練習帳』はもちろん、山口仲美さんの『日本語の歴史』や、大島正二さんの『漢字伝来』（いずれも岩波新書）をはじめたくさんの書物に助けられながら、何とかまとめてみました。

丸谷才一さんの『文章読本』など、何冊もの文章論、文章術の本に、基本を教えられながらの作業でした。

本文で出典を明記した本もあれば、ただ黙って知恵を拝借した本もあります。ここにあらためてお詫びとお礼を申し上げます。

まことに拙い説明ばかりですが、書く楽しさが、すこしでも伝われば、こんなにうれしいことはありません。

わが敬愛する静山社から声をかけていただいて光栄です。猪俣久子さんには、細部にわたって検証いただき、愚かな間違いをいくつも直しました。ありがとうございます。

どうぞご批判ください。終わりは、いつでも始まりであると、愚考しています。

二〇一〇年春

轡田隆史

本作品は当文庫のための書き下ろしです。

轡田隆史

一九三六年、東京都に生まれる。早稲田大学政治経済学部を卒業後、朝日新聞社に入社。社会部デスク、編集委員などを経て役員待遇論説委員となり、一九九六年までの八年間、夕刊一面コラム「素粒子」を執筆。一九九九年に退社後、テレビ朝日系ニュース番組「ニュースステーション」「スーパーJチャンネル」のコメンテーターを務める。NHK・FMラジオ「日曜喫茶室」にも出演。講演会などでも活躍。日本大学法学部新聞学科で「文章作法」の講座をもつ。

著書にはベストセラー『「考える力」をつける本』(三笠書房)、『いまを読む名言』(講談社文庫)、『小論文に強くなる』(岩波ジュニア新書)、『人生の見方を変える 名著の読み方』(中経の文庫)などがある。

さらさら書《か》ける小論文練習帳《しょうろんぶんれんしゅうちょう》

レポート・作文《さくぶん》にも使《つか》える書《か》き方《かた》と例文《れいぶん》

2010年5月5日　第1刷発行

著者　轡田隆史《くつわだたかふみ》

発行所　株式会社静山社《せいざんしゃ》

編集・制作　株式会社さくら舎
東京都千代田区九段北一-一五-一五　〒一〇二-〇〇七三
電話(営業)〇三-五二一〇-七二二一
(編集)〇三-五二一一-六四八〇
http://www.sayzansha.com

ブックデザイン　石間 淳

装画　©TXT/orion/amanaimages

印刷・製本　凸版印刷株式会社

ISBN978-4-86389-045-9　Printed in Japan